KB260864

學部編纂

日語讀本 原文（上）

學部編輯局出版

김순전 · 박제홍 · 장미경 · 박경수

編

제이앤씨
Publishing Company

學部編纂

日語讀本 卷二

學部編輯局出版

學部編纂

日語讀本 卷一

學部編輯局出版

學部編纂

日語讀本 卷四

大倉書店印刷

學部編纂

普通學校學徒用

日語讀本 卷三

大倉書店印刷

≪ 總 目 次 ≫

卷二 (1學年 2學期, 1907)

目 次 (目次名 無)

卷三 (2學年 1學期, 1907)
目 次 (目次名 無)

卷四 (2學年 2學期, 1907)
目 次 (目次名 無)

序 文

1. 학부편찬『日語讀本』출판의 의의

교과서는 무릇 국민교육의 정화(精華)라 할 수 있으며, 한 나라의 역사진행과 불가분의 관계를 가지고 있다. 교과서를 통하여 진리탐구는 물론, 사회의 변천 또는 당시의 문명과 문화 정도를 파악할 수 있으며, 무엇보다 중요한 한 시대의 역사인식 즉, 당시 기성세대는 어떤 방향으로 국민을 이끌어 가려 했고, 그 교육을 받은 세대(世代)는 어떠한 비전을 가지고 새 역사를 만들어가려 하였는지를 알아낼 수 있다. 이렇듯 한시대의 교과서는 후세들의 세태판독과 미래창조의 설계를 위한 자료적 측면에서도 매우 중요한 가치를 지니고 있다.

1907년부터 1908년에 걸쳐 출판된『日語讀本』은 당시 외세의 진출과 이질적 서양문명의 수용으로 인한 특수하고 복잡한 상황에서 편찬된 외국(일본)어 교과서로 근대를 여는 중요한 역사적 의의를 지니고 있다.

이에 통감부 시절 초등학교에서 사용되었던『日語讀本』원문서를 출판하는 일은 일제에 잠식되어가는 과정의 한국근대사를 연구하는 데 있어서 필수적 사항이라 할 수 있을 것이다. 특히 간간이 문제가 되고 있는 독도의 영유권 등을 고려하더라도 한국어, 일본어, 국사, 수신(修

身) 등의 교과서는 더욱 그러하다.

100여 년이 지난 오늘날까지도 끊임없는 과거사로의 회귀적 발언과 망언, 그리고 한국에서 일본 신보수주의자들과 의견을 같이하는 일부 인사들의 발언은, 현재를 사는 우리들이 해결해야 할 일제청산에 대한 과제를 더욱 어렵게 한다. 이는 일제강점기 식민지 동화교육의 핵심이라 할 수 있는 일본어 교육과 아주 밀접하게 관련되어 있다고 여겨진다.

당시 일본어 교육은 식민지라는 특수한 상황에서 모든 조선인들이 지배국인 일본의 습속을 따라야한다는 풍속미화의 동화정책 중에서도 가장 기본적인 수단으로 중요시되었다. 이는 동화정책의 출발점에서 한 나라의 말과 역사를 정복하는 것이야 말로, 식민지기 내내 그들이 추구하고자 하였던 소위 '내선일체'와 '황민화'에 도달할 수 있을 것이라는 의미였을 것이다.

이번에 통감부기 『日語讀本』 원문서를 출판하는 일은 한국학(韓國學)을 연구하는데 필요한 자료 제공과, <을사늑약> 전후 한국에서의 '교육제도'와 '일본어 교육' 과정을 세심하게 살펴볼 수 있는 자료적 의미로써의 성과와, 그동안 사장되었던 미개발 자료의 일부를 발굴하여 체계적으로 정리해 놓는 일의 출발로써 큰 의의가 있다.

이에 따라 각기 흩어져 있던 『日語讀本』 원문서 전 8권을 수집, 정리하여 출판함으로써, 이를 통하여 당시 주요교과서였던 『日語讀本』에 대한 재조명은 물론, 한국 근대화 과정의 요소요소에 스며들어 있는 일본문화의 여러 양상과 과거 긴박했던 세계정세의 흐름을 구체적으로 파악할 수 있는 기초자료로 유용하게 제공되기를 바란다.

2. 근대조선의 교육

1) 〈을사늑약〉 이전

(1) 근대교육의 출발과 시행

우리나라의 근대적인 교육제도는 1876년의 〈강화도조약〉을 시작으로, 1892년 미국, 영국, 독일과 차례로 수호조약이 체결됨으로서 문호개방과 더불어 서구의 학교와 일본의 교육제도가 들어오면서부터이다. 당시 서당의 설립과정을 살펴보면, ① 훈장이 자신의 생계를 위해서나, 취미로 경영하는 경우, ② 마을의 유지가 서당을 세워 자기 자제를 교육시키는 동시에 친지의 자제들을 수용하는 경우, ③ 마을 사람들이 뜻을 모아 훈장을 초빙하고 교실을 마련하여 그 자제들을 교육시키는 경우, ④ 마을의 전체가 조합을 만들어 설치하는 경우1) 등 넷 중 하나였다.

조선후기 급격한 시대변화와 개항 이후 외래문화의 충격에 의하여 본격적으로 제기된 교육정책 과제는 부국강병에 필요한 인재양성이었다. 그 구체적인 대안으로 조정에서는 1876년 김기수에 이어 1880년 김홍집을 대표로 한 수신사, 1881년 박정양을 위시한 신사유람단을 일본에 파견하였다. 같은 해 김윤식을 대표로 한 영선사를 청국으로 파견하였고, 이어서 1883년에는 민영익을 대표로 한 시찰단을 미국에 보내어 그들로 하여금 선진국의 문물을 체득하게 하여 다양하고 체계적인 인재양성에 관한 계획을 시도하였다.

한국 근대교육사에서 개화기부터 1910년까지는 진학열기가 대단히 고조되었던 때였다. 이 시기는 새로운 교육을 통한 자주독립국을 만들

---

1) 오천석(1964), 『한국 신교육사』, 현대교육총서, p.83.

려는 염원으로 개인이든 민간단체든 최소한의 교사와 학생만 확보되면 장소를 불문하고 학교를 설립하려 하였다.

근대조선의 이러한 개화사상은 초등학교 성립시기 교육개혁을 구상하고 그에 따른 시도를 뒷받침 해주었으며, 종래의 교육체제를 근대적인 교육체제로, 종래의 폐쇄적 사고방식을 개방적 사고방식으로 전환해야 할 필요성을 깨우치게 했다. 이에 대한 당시의 당위론적 과제는 피동에서 자주적 근대화로, 외세의 침략적 식민지화에 대한 민족의 주권수호와 독립의 견지였다.

근대의 초등교육 개혁운동은 당시의 신문과 사회단체에서도 활발하게 전개되었다는 점에서 한국 초등교육의 특수성을 나타내고 있다. ≪漢城旬報≫ 1886년 2월 25일자를 보면, "초등교육은 선악정사(善惡正邪)에 대한 구별의식, 격물치지(格物致知), 인륜을 아는 교화가 목적이다. 초등교육은 보통지식을 가르치는 곳이다. 한 고장에 1~2개 학교를 설립할 것이며, 학령은 남녀귀천을 막론하고 5~13세까지로 할 것이다." 하여 기초 보통교육의 성격을 띤 초등교육에 대해 논의하였으며, 동년 5월 24일에는 "나라가 인재를 양성하기 위해서는 우수아동을 선발하여 무상교육을 할 것"과 "학교 설립할 능력이 있는 사람이라면 누구나 사립초등학교를 설립할 것"을 종용하는 주장도 하였다. 또한 ≪漢城週報≫2)에서도 "나라에서 인재를 양성하는 데는 학교보다 우선할 것이 없다." 하여 실사구시를 목표로 관립학교에 의한 초등교육의 공교육화를 촉구하였으며, 한말 교육단체인 대한자강회(大韓自强會)에서는, '경성의 각 동(洞)에 구립학교(區立學校)를 설치하고 비용은 교민(僑民)이 부담할 것' 과 '학령(學齡)은 남녀 7세부터 14세까지로 한정하며 8년간

---

2) 1884년 12월 ≪漢城旬報≫ 폐간 후, 1886년 1월 다시 창간된 신문임.

에는 의례적으로 입학할 의무로 정한다.' 는 의무교육 실시에 대한 의견서를 정부에 제출하기도 하였다. 이러한 공교육시책을 보다 구체화하여 한 걸음 더 나가게 한 것은 1888년 박영효가 고종에게 상소한 <내정개혁백서>의 여섯째 항목에서 '說小中學校 使男女六歲 以上 皆就校受學事' 라 하여 6세 이상 남녀아동은 모두 학교에 입학시켜 교육받게 할 것을 건의하였다.

이처럼 근대초등교육 개혁은 각종 신문이나 협회의 소학교 설립 촉구, 그리고 정부에 의한 학제개혁과 관공립소학교 설립, 민간인과 선교사에 의한 사립소학교 설립 등 다각적 측면에서 시도되었다.

1894년 7월 27일 김홍집을 중심으로 한 개화파에 의하여 <군국기무처>가 설치되었으며, 7월 30일에는 새로운 관제에 따라 처음으로 소학교의 설립의지를 표명하였다. <군국기무처>의 주도 세력인 김홍집 내각은 종래 예조에 속해 있던 교육부서를 독립시킨 후, <학무아문>을 신설하여 단독 관할하기에 이른다. 당시 학무대신 박정양은 '소학교설립에 관한 고시문'에서 "나라가 초등교육을 주관하겠다."는 취지를 표명함으로써 초등학교 교육을 의무교육형태로 전환시키려는 의지를 내비치며, 당시 전국 각지에 산재해 있는 '서당'을 근대 초등학교와의 가교역할로 최대한 활용하여 신교육을 보편화시키려고 노력하였다. 그러나 열악한 재정과 기존 양반층의 거센 반발로 인하여 그러한 노력은 물거품이 되었고, 이러한 점은 결국 서당교육과 근대 초등교육이 분리된 요인을 낳게 되었다.

(2) <교육입국조서>와 개화기 초등교육 성립과정

갑오개혁기 전후 정부에서 제시한 초등학교 교육목적은 전통 교육과 근대 교육의 접점선상에서 전통적 유교이념과 서구적 이념이 함께 담겨있는 '오륜(五倫)+실용성+공공성=국민적 인재 양성'이라는 도식을 보이고 있다. 이것은 소수 인재 양성에서 다수의 인재 양성으로 교육의 판도가 바뀌면서 초등 기초 보통교육이 도입되고 있는 과도기의 모습이었다. 비록 갑오개혁은 일본의 내정간섭과 그에 대한 국민들의 거센 반발로 순조롭게 진행되지 못했지만, 국민의 기초교육으로서 초등교육의 정체성 확립을 시도했다는 점에서 교육사적 의의를 부여할 수 있다.

갑오경장(1894) 이후 자주독립국가로서의 기초를 굳건히 하려는 견지에서 고종은 1895년 1월 7일 공포한 <홍범14조>3)의 내용 중, 제11조와 제14조의 내용을 기반으로 동년 2월 2일 詔勅으로 <교육입국조서>를 발포한다. 그 내용 중 일부를 보면 다음과 같다.

---

3) <홍범14조>는 갑오개혁 후 1895년 1월 고종이 선포한 14개 조항의 정치개혁 강령으로, 근대 최초로 순한글체, 순한문체, 국한문혼용체의 3가지로 작성하였다. 그 내용은 아래와 같다.
   제1조: 청국에 의존하는 생각을 끊고 자주독립의 기초를 세운다.
   제2조: 王室典範을 작성하여 大統의 계승과 宗室, 戚臣의 구별을 밝힌다.
   제3조: 국왕이 정사를 다루는데 있어서 친히 각 대신에게 물어 처리하되, 왕후, 비빈, 종실 및 척신이 간여함은 용납치 않는다.
   제4조: 왕실사무와 국정사무를 분리하여 서로 혼동하지 않는다.
   제5조: 의정부와 각 衙門의 직무권한의 한계를 명백히 규정한다.
   제6조: 부세는 모두 법령으로 정하고 명목을 더하여 거두지 않는다.
   제7조: 조세 부과와 징수 및 경비지출은 모두 탁지아문(度支衙門:재무부)에서 관장한다.
   제8조: 왕실은 솔선하여 경비를 절약해서 각 아문과 지방관의 모범이 되게 한다.
   제9조: 왕실과 각 官府에서 사용하는 경비는 1년간의 예산을 세워 재정의 기초를 확립한다.
   제10조: 지방관 제도를 속히 개정하여 지방관리의 직권을 한정한다.
   제11조: 나라안의 총명하고 준수한 젊은이를 널리 외국에 파견하여 학술과 기예를 익히도록 한다.
   제12조: 장교를 교육하고 징병제도를 정하여 군제의 기초를 확립한다.
   제13조: 민법 및 형법을 엄정히 정하여 함부로 가두거나 벌하지 말며, 백성의 생명과 재산을 보호한다.
   제14조: 사람을 기용함에 있어서 문벌에 구애받지 않고 선비를 두루 구하여서 널리 인재를 등용한다.

교육은 그 길이 있는 것이니, 먼저 헛된 이름과 실용을 분별하여야 할 것이다. 독서나 습자에 있어서 옛사람의 쓸모없는 문장에 몰두하고 시대의 변화에 둔감한 자는 그 문장이 비록 고금을 능가할지라도 아무 쓸모없는 書生에 불과하도다. 이제 朕이 교육의 綱領을 정하니, 헛이름은 물리치고 실용을 취하도록 하라.

첫째는 德養이니, 五倫의 行實을 닦아 綱規를 문란케 하지 말고 풍습을 가르치며 퍼뜨려 세상의 질서를 유지하고 사회의 행복을 증진시킬지어다.

둘째는 體養이니, 동작을 바르게 하여 부지런히 힘쓰기를 주로 하며 게으름과 편안함을 탐내지 말고 괴롭고 어려운 것을 피하지 말며 그대의 근육을 굳게 하고 뼈대를 튼튼히 하여서 康壯하고 병없는 기쁨을 누려 받으라.

셋째는 智養이니, 사물의 이치를 깨쳐 나의 知를 完實케 하되 타고난 재능껏 窮理하여서 좋고 미운 것과, 옳고 그른 것과 길고 짧은데 머물지 않으며 내 것과 남의 것을 구분하지 말고 두루 자세히 연구하여 널리 통하기를 힘쓰라. 그리하여 내 한 몸의 이익을 꾀하지 말고 공중의 이익을 도모할지어다.

가로되, 이 세 가지는 교육의 綱紀이니라, 짐(朕)은 정부의 명하여 학교를 널리 세우고 인재를 양성하며 그대를 臣民의 학식으로써 나라 중흥의 大功을 養成케 하련다. 그러하니 그대들 臣民은 忠君하고 愛國하는 마음으로 자신의 德과 體와 智를 기를지어다.

위에서 보는 것처럼 <교육입국조서>의 교육목적은, 덕(德)→체(體)→지(智)의 순서에 의해 전인적 발달을 도모하는 내용으로, <학무아문>에서 제시한 덕육(德育) 편중의 전통적 교육관에서 진일보했음을 알 수 있다. 개인의 德, 體, 智의 조화로운 전인발달을 통하여 부국강병을 도모하는 것으로, 개인의 성장과 함께 나라의 발전을 도모하는 국민교육의 위치로 끌어올리려 한 것이 특징4)이라 할 수 있다.

초등학교 성립기 교육개혁을 주도한 사람은 유길준, 박영효, 김홍집, 김옥균, 서재필 등으로, 이들은 모두 '서당이나 가숙(家塾) 또는 서제(書齋)교육 → 북학파 실학교육 → 일본 혹은 서구에 유학 또는 견학' 이라는 교육적 배경을 갖고 있다. 그들은 자신의 경험을 통하여 <교육입국조서>에 의한 실사구시(實事求是) 즉, 실생활에 직결된 정신을 강조하는 근대 초등교육 개혁을 주장하였다.

교육개혁에는 여성교육의 중요성도 포함되어 있지만 기존 유림층의 반대로 순조롭게 진행되지 않았다. 따라서 이들의 의식을 변화시키는 일이 무엇보다 시급하다는 것을 깨달은 개화파는 각종 신문을 통하여 성리학적 교육풍토에서 벗어나지 못한 한국의 실정을 자각케 하고, 교육의 발전을 도모하는 기사면에 큰 비중을 두는 등 언론을 매개로 하여 다각적으로 기존 식자층의 의식을 변화시키는데 힘썼다.

(3) 公敎育制度의 수립과 그 실태

정부는 1895년 3월 25일 <학부관제>를 제정하고 4월 16일 교사양성을 위해 <한성사범학교관제>를 제정·공포하였다. 이에 따른 초등교육의 제도적 기반은 동년 7월 19일 <소학교령>에 의하여 마련되었으며, 8월 <소학교규칙대강>을 공포함으로써 소학교의 구체적인 대강을 제시하였다. 당시 관보에 의하면 학부에서는 한성부내에 장동, 정동, 계동, 묘동에 관립소학교를 개설하여 각각의 개교일을 정하여 입학생을 모집하였다. 그 광고문은 아래와 같다.

---

4) 김정효 외 공저(2005), 『한국근대초등교육의 성립』, pp.52~53 참조.

勅令 第一百四十四號에 의ᄒ야 小學校를 漢城內의 官立ᄒ고 普通 各科와 外國語를 敎授ᄒ터이니 學徒願赴ᄒᄂ 者의 八歲以上 十五 歲以下人은 그 父兄이 帶同ᄒ고 八月初五, 六日間에 本部에 와서 告ᄒ야 許人狀을 受흠이 可흠. 小學校의 置ᄒᄂ 區域과 開學日期 ᄂ 左와 如흠.

壯洞 八月八日, 貞洞 八月九日, 桂洞 八月十二日, 廟洞 八月十三日.

開國 五百四年 七月 二十八日 學部[5]

이렇게 하여 세워진 소학교는 서울에 10개교, 지방에 50개교가 되었다. 당시의 생도의 재적수는 장동소학교가 23명, 정동소학교가 76명, 계동소학교가 40명, 묘동소학교가 48명이었다.[6] 그러나 서울에 비해 지방의 公立小學校 등은 명색이 학교였지만, 환경은 열악하기 짝이 없었으며 학과는 여전히 한문이 주가 되어 실상 서당과 견주어볼 때 그리 나을 것이 없었다.

<소학교령> 제1조에는 "소학교는 아동신체의 발달에 유의하여 국민교육의 기초와 그 생활상 필요한 보통지식과 지능을 授함을 本旨로 함"이라는 교육목적을 제시하고 있다. 이에 따라 학부에서는 <소학교령>을 종래의 서당에도 적용시켜, 서당을 초등학교 조직에 편제하여 공교육체제로 바꿀 계획으로, 당시 분포도로 보나 숫자적으로 보나 관공립학교에 비해 월등히 많았던 서당[7]을 활용하여 초등학교 교육을 확대시키고자 하였으나 계획대로 실천되지는 않았다. 그 이유 중 하나는 일본의 개입 하에 <소학교령>을 제정하고 소학교를 설립했다고 여긴 국민

---

5) 관보 제126호(1895.7.30. 8.2, 8.5, 8.6일자)
6) 吉川昭(2002), 『舊韓末近代學校の形成』, ふるかわ海事事務所, p.15
7) 당시 서당이 16,540곳, 관공립소학교가 155개교, 사립학교가 2,027개교(민간계 1,272, 종교계 755)였음. (김정효 외 4명(2005), 앞의 책 p.16 참조)

들의 반발 때문이었고, 다른 하나는 갑작스레 도입한 지배층의 서구식 교육이념이 반(反)서구적, 반(反)침략적 추세에서, 서당과 같은 구교육의 유산을 물려받은 사람들에게 충분히 납득되지 못한 채 시도되었던 까닭이었다. 게다가 당시 관공립소학교에서는 각 아문당 6명의 추천을 받아 60명을 선발한다는 규정을 제안함으로써, 사실상 구한말 명문자제들만을 위한 신교육기관으로 제한되는 결과를 낳게 되었다.

따라서 모든 아동에게 교육 수혜권을 평등하게 부여한다는 관공립소학교의 교육목적인 '국민기초와 그 생활상 필요한 보통 지식과 기능'은 현실과의 괴리로 인해 명목상의 구호에 그쳤으며, 실제로 당초 설정한 교육목적대로 운영되지 못한 채 공교육으로서의 초등교육 정립은 지연될 수밖에 없었다.

그러는 가운데서도 나라 발전과 부강을 위해 인재를 양성하고자 하는 국민들의 교육인식은 점점 개화되어 갔으며, 학교 수도 점차 늘어나게 되었다. 이 시기 관공립소학교 설립증가 실태를 <표 1> 에서 정리하였다.

〈표 1〉 관공립소학교 설립 증가 실태

지역 \ 연도	1895	1897	1899	1905	비　　고
서울(한성)	5	9	12	13	독립신문(1-10권), 황성신문(1-10권), 구한국관보(1-2권) 등을 참조함.
지　방	37	40	61	100	
계	42	49	73	113	

당시의 신문을 참조하여 관공립소학교 설립 증가 실태를 살펴본바, 갑오개혁 이후 10년 동안 학교설립 수는 전국적으로 약 3배 정도 증가되었다. 그러나 이러한 증가추세에서도 관공립소학교에 여학생의 입학은 허용되지 않았다. 학부에서는 1899년 5월 22일 '여학교령 청의서'를

국가에 제출하였으나, 의정부 회의에서는 거론조차 하지 않고 유보하였으며, 1900년 1월 23일에는 국가가 '여자도 남자처럼 교육을 받아야 한다는 것.'을 정식으로 논의하기도 하였으나 재정이 부족하다는 이유로 부결되고 말았다.8)

(4) 사립교육기관의 출현

갑오개혁 이전 국가에서 관장하는 교육의 주된 목적은 기존세력을 유지하기 위한 지배자인 관리의 양성에 있었기 때문에 소수의 특권 계층에게만 교육의 기회가 있었을 뿐, 대다수의 국민은 여기서 제외되어 있었다. 이에 따라 국가가 주도한 관공립소학교의 설립 기반이 취약하다고 여긴 지방관과 유생(儒生)들은 사립소학교 설립에 열성을 보였다. <소학교령> 제18조에는 '국가는 사립학교에 재정적 지원을 하는 한편, 지방관의 감독과 통제를 받도록' 하는 규정을 두고 있어, 갑오개혁 이후 통감부 설치 전까지 지방관과 유생들의 호응에 힘입어 그 수는 점차 늘어갔다.

한국 최초의 근대식 교육기관인 '원산학사'는 민중이 자발적으로 설립 운영했던 일종의 개량서당의 성격을 지닌 초등교육기관이다. 초기에는 서당교육에 근대적 교과내용을 첨가하여 개량 서당식 교육을 했다는 점에서 전통과 근대를 연계시킨 교육기관으로 볼 수 있다. 원산학사는 갑오경장 무렵 소학교와 중학교로 분리되었고, 일제시대에는 '원산보통학교'로 불렸다가 '원산제일국민학교'로 개명되어 해방 당시까지 유지되었다. 원산학사 이후 개인 또는 단체에 의하여 설립된 사립소학교를 당시 신문에 근거하여 <표 2>로 정리하였다.

---

8) 《황성신문》, 1900.2.7일자

〈표 1〉 초등학교 성립기 사립소학교

학교명	설립년도	설립자	장소	출전	비 고
원산학사	1883	덕원유지	원산	한성순보	후에 소학교와 중학교로 분리
홍화학교	1895	민영환	한성	황성신문	
한성의숙	1895	김종환, 평의원, 사회 유지	좌순청에서 동구안 대궐 앞 사헌부직 방으로 옮김	독립신문 황성신문	기존의 을미의숙을 운영했던 유지들이 을미의숙이 폐지된 후 다시 설립한 학교, 후에 樂英義塾으로 개명함
중교의숙	1896	민영기	한성	황성신문	
대묘동 사립소학교	1897	대묘동 유지	대묘동	독립신문	
홍문석골 사립소학교	1897	리시션	리시션의 집	독립신문 황성신문	1898년 '홍문동사립소학교'로 개명
순성여학교	1898	한성북촌의 양반부인들	한성 承洞 (1902년 桂洞으로 이전)	독립신문 황성신문	후에 貞善여학교로 개명
洛淵義塾	1901	서광세	한성	황성신문	후에 普光학교로 개명
幼年여학교	1905	순천군 유지 부인들이 결성	순천	대한매일신보	
은슈의숙	1905	리교현, 리승구, 정환벽, 김연기, 김형규, 김종건, 리규복	해동리	대한매일신보	

위의 사립소학교들은 개인 또는 단체나 사회 유지들의 힘으로 설립되었지만, 국가의 인가 아래 학제도 있었고 재정적 지원과 감독도 받으며 아동, 혹은 청소년에게 기초무상교육을 수행했다. 그러나 대부분 사립소학교도 공립소학교처럼 열악한 환경이었으며, 심지어는 책상조차 갖추어 놓지 못한 실정이었다. 특히 한성의숙은 조선인 관리와 유지들에 의해서 세운 학교로 '국민기초보통교육'을 목적으로 한 초등교육의 성격을 띠었다.

<을사늑약> 이전에도 많은 사립학교가 설립되었으나, 그 교육수준

은 초등과 중등의 구별이 없는 교육단계조차 분명치 않은 상태였다.

이러한 사립소학교 단계의 필요성을 절감하여 학교제도를 확립하기 시작한 것은 1906년 이후였다. 1906년 10월 대한자강회(大韓自彊會)의 '의무교육실시건의서'와 '의무교육조례대요' 등은 중추원 의결을 거쳐 각의(閣議)에서 통과되었는데, 이러한 사실은 근대초등교육사상 중요한 의미를 가진다.

2) 통감부 시기

(1) 學部의 교육법령

일본은 1904년에 체결된 <한일협정서>에 따라 고문정치를 시작하였다. 1905년 <을사늑약>에 따라 동년 12월 통감부가 설치되고 1906년 8월 27일 <보통학교령>을 제정하였다.

<을사늑약>으로 말미암아 1906년 일본인 교육 참여관의 감독 아래, 한국의 교육은 일본인의 간섭과 의도에 의해 편성되었다. 이에 따라 전인교육을 위한 한국 최초의 교원양성기관인 한성사범학교에서 배출된 한국인 교사는 신교육에 대한 학식과 경험이 부족하다는 표면적인 이유와 '新學制'라는 명분을 내세워 보통학교에 일본인 교사를 파견, 임용함으로 한국교육을 일본인의 통제 아래 두려는 그들의 의도를 드러내기 시작한다.

일제는 1905년 행정개혁을 구실로 1,300만 엔을 차관형식으로 강제대여하고, 이 중 50만 엔을 '학사혁신'이란 명목으로 할당하여, 학교설립과 시설의 신식화를 내세워 한국교육을 통제하려 하였다. 1905년 교과서 편찬위원회를 설치한 學部는 먼저 보통학교 교과서 편찬 작업에

착수, 1906년에 보통학교용 교과서 일부를 만들어 보통학교의 개교와 더불어 이를 사용하려 하였다.

여기에 일제의 숨은 의도는 조선인을 일본에 동화시키기 위한 교육적 지배였지만 전국 각지에서 조선독립을 외치는 상황에서, 통감부가 목표한 '동화교육'은 쉽게 표면화 될 수 없었다. 이에 따라 학부에서는 표면적으로는 '文明的인 教育'이라는 기치를 내세웠지만, 그 실상은 조선에 대한 교육적 지배라 할 수 있을 것이다.

교과서 편찬은 1906년 2월 통감부(統監府)가 설치되어 <보통학교령>이 발포됨에 따라 더욱 박차를 가하게 되는데, 시데하라 다이라(幣原坦)의 사임에 이어, 미쓰치 주조(三土忠造)가 취임하여 주로 교과서 편찬에 관여하면서 1907년 조선인 교육의 행정권은 전적으로 일본인의 손으로 넘어가게 된다.

1908년에는 <학부령> 제16호로써 <교과용도서검정규정(教科用圖書檢定規程)>을 공포하여 교과용도서의 검정과 인가를 받게 하였으며, 학생용과 교사용의 교과용 도서는 우선적으로 학부에서 편찬하기로 하였다.

통감부시기 학부의 교과서 내용에 관한 가장 중요한 심사기준은 '조선과 일본의 관계 및 친교를 저해하거나 비방하는 배일사상'의 내용유무에 있었다. 이 시기 통감부에서 교육제도를 정비한 주요 法令制定은 <표 3>과 같다.

〈표 3〉 日帝强占期 이전 한국에서의 교육법령

년 월 일		교　육　법　령
1895	7월 19일	小學校令
1906	8월 27일	普通學校令
	8월 31일	師範學校令, 外國語學校令, 高等學校令

1908	4월 2일	高等女學校令
	8월 26일	私立學校令
	8월 28일	學部令, 公立私立學校認定에 関한 規定, 教科書用図書檢定規定公布
	12월 29일	成均館官制
1909	4월 27일	實業學校令, 改正普通學校令
	7월 9일	實業學校令施行規則, 高等女學校令施行規則, 師範學校令施行規則, 高等學校令施行規則, 外國語學校令施行規則

학부는 국정교과서를 직접 편찬할 뿐 아니라 사립학교의 교과용 도서의 질적 개선을 도모한다는 명분 아래 민간인 저작 교과용 도서를 검정하였는데, 그 실상은 교육내용을 규제할 목적을 가지고 있었다. <교과용도서검정규정>(학부령 제16호, 1908. 8. 28)을 보면, 공사립보통학교의 교과용 도서는 '① 학부에서 편찬한 것, ② 학부대신의 검정을 받은 것, ③ 이상에 해당된 도서가 없을 경우 학교장이 학부대신의 인가를 받아서 다른 도서를 쓸 수 있다.'는 규정에 합당해야 했다. 또한 <사립학교령>(1908. 8) 제16조에 <사립학교 교과서에 대한 규정>도 앞의 <교과용도서검정규정>에 준하는 내용이 제시되어 민족의식·배일사상을 고취하는 내용은 배제하도록 통제하였다. 이에 따라 <보통학교령>기의 한국교육은 '구국'과 '식민지화'라는 서로 병행할 수 없는 목적이 다른 교육으로 대립하는 이중구조에 놓이게 된 것이다.

(2) 교과목과 수업시수

학부는 1909년 4월에 <보통학교령>을, 같은 해 7월에 <보통학교령시행규칙>을 개정하여 보통학교의 교육과정과 교과목의 매주 교수시수를 개편하였다.

<보통학교령> 제2장 제6조에 의하면 보통학교의 교과목은 수신, 국어, 한문, 일어, 산술, 지리, 역사, 이과, 도화(圖畵), 체조의 10개 과목으로 설정하였으며, 여학생은 수예를 더하고 사정에 따라 창가, 수공, 농업, 상업 중 한 과목 혹은 몇 과목을 반드시 더 하도록 하였다. 이전의 교과목과 비교하여 보면 독서와 작문, 습자가 국어로 통합되었고, 본국지리와 외국지리가 지리로 통합된 후 다시 본국역사와 함께 역사, 지리로 통합되고, 재봉이 수예로 명칭이 변경되었고 한문이 새로 추가되었다.

또한 외국어 과목이 일어로 바뀌면서 편제의 순서상 이전 시기에 가장 마지막으로 제시되었던 외국어가 국어, 한문 다음으로 산술보다 먼저 제시되었으며, 시간수도 6시간으로 국어, 산술과 같은 비중으로 다루어졌다. 또한 창가와 수공, 농업, 상업이 새로 추가되었는데 이는 實事求是를 명분으로 하면서 보통학교 교육과정을 기초교육보다는 생활교육 위주로 실용성을 강조한 때문으로 볼 수 있다.

종래의 <소학교>는 <보통학교>로 개칭되었고, 수업연한을 4년으로 하였으며, 보통학교 교과에 日本語가 필수과목으로 추가[9]되었다. 또한 지리, 역사의 경우도 실제로 시간 수는 별도로 배정되어 있지 않고, 국어와 일어 교과에서 역사나 지리와 관련된 내용을 포함하여 다루도록 하였다.

1909년 5월 당시 학부에서 발간한 보통학교용 교과서는 수신서 4권, 국어독본 8권, 일어독본 8권, 한문독본 4권, 理科書(日文) 2권, 도화감본(圖畵監本) 4권, 習字帖 4권, 산술서(교사용) 4권 등 총 7종 41권이었다. 개편된 보통학교 교육과정과 교수시수는 1906년의 것과 거의 비슷하나 내용에서 주목할 것은 「국어」와 「한문」 두 과목을 「국어 및 한문」 한 과목으로 통합하고 시간수도 남자 10시간, 여자 9시간으로 조정하였

---

9) 朴英淑 「解題 第一期『普通學校國語讀本』について」, 朝鮮總督府編纂『普通學校國語讀本』에 所收. 참고.

다. 이처럼 수업시수를 달리 배정한 것은 아직은 여성교육에 대한 인식이 낮았음을 의미한다.

본격적으로 일제강점기에 들어서면 타 과목에 비해 일본어에 대한 시수가 급격히 증가함을 알 수 있다. 여기서 통감부 시기와 일제 강점기 전반에 걸쳐, 각 시기에 따른 학년별, 과목별 주당수업시수를 <표 4>로 정리하였다.

<표 4> 조선에서의 수신 · 조선어 · 한문 · 일본어의 주당 수업시수

| 학년 | 통감부 (1907) | | | | 제1기 (1911) | | | 제2기 (1922) | | | 제3기 (929) | | | 제4기 (1938) | | | 제5기 (1941) |
	수신	조선어	한문	일어	수신	국어(일어)	조선어(한문)	수신	국어(일어)	조선어	수신	국어(일어)	조선어	수신	국어(일어)	조선어	국어국민과수신·
1	1	6	4	6	1	10	6	1	10	4	1	10	5	2	10	4	11
2	1	6	4	6	1	10	6	1	12	4	1	12	5	2	12	3	12
3	1	6	4	6	1	10	5	1	12	3	1	12	3	2	12	3	2, 9
4	1	6	4	6	1	10	5	1	12	3	1	12	3	2	12	2	2, 8
5								1	9	3	1	9	2	2	9	2	2, 7
6								1	9	3	1	9	2	2	9	2	2, 7
계	4	24	16	24	4	40	22	6	64	20	6	64	20	12	64	16	62

* 제1기(보통학교시행규칙, 1911. 10. 20), 제2기(보통학교시행규정, 1922. 2. 15), 제3기(보통학교시행규정, 1929. 6. 20), 제4기(소학교시행규정, 1938. 3. 15), 제5기(국민학교시행규정, 1941. 3. 31)

3. 개화기 보통학교 교과서

신교육 사상이 고조되자 많은 사립학교가 설치되고 많은 교과서가 편찬 발행되었다. 대한제국의 '學部'에서 편찬, 발간된 교과서는 갑오개혁의 기본정신인 자주독립과 역사적 주체성을 교육을 통하여 실현코자 한 실증적 방안이었으며, 급변하는 세계정세나 시사, 과학 등 근대적 지식의 보급과 수용에 역점을 두었다. 이는 당시 정부요인뿐 아니라 지식인 대부분이 참여하여 간행한 의지와 희망의 표현이었다.

당시 학부에서 편찬한 교과서는 공립학교에만 겨우 공급되었고, 사립학교에서는 독자적으로 사립학교용 교과서를 채택하는 이중적 교과서 운영체계였다.

한말의 교과서는 학부편찬의 소수를 제외하고는 대개가 개인 저술의 검인정 교과서나 학교자체에서 편집, 발행하는 자체생산의 다양한 출판상태였다. 이렇듯 신교육 실시에 따른 의욕에 비해 교재의 제작 공급은 만족스럽지 못해서 학교별로 자체 교과서의 편찬제작이 성행했는데, 특히 「휘문의숙」, 「양정의숙」, 「보성중학교」 그리고 기독교계 학교에서 자체 발행이 많았다.

그러나 통감부 설치 이후 학부가 일제의 지배하에 넘어가게 되면서부터 학부 발간 교과서에는 갑오개혁에 의한 민족적 주체성은 점차 소멸되어갔다. 그 가운데서도 사립학교용 교과서는 민족주체성, 자주독립사상 함양을 목적으로 하였기 때문에 민족교육에 커다란 사상적 영향을 끼쳤으며, 반일적인 특색을 갖고 있다. 이러한 사립학교용 교과서의 철저한 반일, 독립사상을 저지하기 위하여 일제는 1908년 <사립학교령>을 공포하여, 이제까지의 독립적으로 자유롭게 발간 사용하던 교과서를 통제하고, 동년 <교과용도서검정규정>을 재차 공포함으로써 모든 교과서의 <사전검정제도>가 신설되었다. 이러한 규정은 차후 민족교육을 위한 교과서 발간을 더욱 어렵게 하였으며, 내용면에서도 민족사상과 반일사상 등이 배제된 교과서로 변모되어갔다.

이로써 일제는 조선통제에 적합하지 않는 사립학교 교과서를 일제히 정리하고, 정치적 목적에 걸맞는 친일적 어용교과서의 편찬사업을 계획하는 일에 착수하게 된다.

그러나 실제로 사립초등학교들은 <사립학교령>에 따르지 않고 학교마다 상이한 편제와 교과목으로 초등교육을 실시하였다. 공립학교가 3학년부터 이과를 가르치기 시작한 것과는 달리 사립학교의 경우 2학년부터 시작되며, 3학년에 '본국지리역사대요', 4학년에 '본국역사', '외국지리대요'를 가르치는 것으로 고시되어 있다. 또한 사립학교의 경우 외형적으로는 초등교육기관인지 중등교육기관인지 구별하기 어려울 정도로 학교 급간의 구별도 분명치 않았음을 알 수 있다.

① 수신 교과서

최초의 수신교과서는 1895년 11월 학부의 편집국에서 신간으로 발행한 『소학독본』이 있다. 전체가 5개 단원으로 제1단원은 立地, 제2단원은 勤誠, 제3단원은 務實, 제4단원은 修德, 제5단원은 應世로 구성되어 있는 국한문 혼용체로 역사적인 인물의 명언을 각단원에 맞게 서술되어 있다. 이어서 1896년 발행된 『숙혜기략(夙慧記略)』은 아동이 태어나서 20세까지 본받을 성현과 김시습 등 우리나라의 인물을 중심으로 국한문혼용체이다. 통감부 시기 1907년에 학부편찬 수신서가 발간되자 사립학교를 중심으로 다양한 수신서가 편찬 되었다. 대표적인 수신서로는 박정동의 『초등수신』과 안종화가 역술한 『초등윤리학교과서』가 있고, 중등용으로는 휘문의숙에서 편찬한 『중등수신교과서』와 신해영이 편찬하여 보성중학교에서 사용한 『윤리학교과서』 등이 있다. 소학교령기의 수신과목은 제 1교과로서 설정되어 있기는 하나, 교과서의 종류도

다양하지 못하고 교육과정도 정착되지 못했다. 보통학교령기에 출판된 초등용 수신, 윤리교과서는 10여종에 달하며, 국어 교과서로 분류된 교과용 도서 중에도 많은 내용이 수신에 해당된다.

② 한국어 교과서

우리나라 최초의 한국어 교과서는 1895년 7월 대한제국 학부에서 발행한『국민소학독본』인데, 국한문혼용체로 삽화가 없는 것이 특징이며, 동서양의 성인과 조선 유명 인물들이 많이 등장한다. 이어 다음해 1896년 대한제국의 학부에서 고용한 일본인 보좌관 다카미 히사시(高見龜)와 아사카와 마쓰지로(麻川松次郎)의 기획에 의해 편찬된『新訂尋常小學』(권1~권3)은 삽화가 삽입되어 있다. 한편 통감부시대의『國語讀本』은 1907년 2월 學部에서 직접 편찬 발행한 교과서로서 편집만 조선에서 하고 인쇄는 일본의 大日本圖書株式會社를 거쳐 발행되었다.

갑오개혁 이후부터 일제강점초기까지 발간된 조선의 교과서를 <표 5>10)로 정리하였다.

〈표 5〉 1895~1910년 발간 교과서 일람표

서 명	발행년월	편제, 구성, 규격 및 내용
(讀本類) 國民小學讀本	1895. 7 (음)	144면 31課 한지(韓紙) 한장본(韓裝本). 갑오개혁 후 학부(學部) 편찬 신교육용 국한문 혼용체 장문형(長文型)의 한국어 교과서
小學讀本	1895. 仲秋	60면 5단원 한지 한장본. 장문형 국한문 혼용체, 역사적 인물중심 서술
新訂尋常小學	1896	3권 3책, 1권 : 56면, 2권 : 76면, 3권 : 98면, 한지 한장본. 학부 신간 한국어 교과서. 일본인 편찬 참여. 일본 풍속과 의상을 그대로 삽화 사용. 단문형 국한문 혼용체

---

10) 韓國學文獻研究所(1977),『韓國開化期敎科書叢書』1-20, 아세아문화사 / 宋炳基 朴容玉 徐柄漢 朴漢高,『韓末近代法令資料集』Ⅰ-Ⅸ, 大韓民國國會圖書館 참조

幼年必讀	1907. 5. 5	韓末 학부 검인정 초등학교 아동용 교과서. 현채(玄采) 저. 편찬자의 의도는 대상을 유년 장년 노년층까지 전국민이 애독한 대표적 반일 교과서. 1909년 5월 5일자로 금서 조치
初等女學讀本	1908. 3	여자용 한국어 교과서. 李源競 저, 邊瑩中 발행. 구교육의 女誡, 內訓, 家訓, 「女子修身教科書」와 같은 내용을 「國語讀本」으로 大韓教科書目錄에 기록
蒙學心讀	미상	초등저학년용 한국어 교과서. 崔在學 편술. 한글의 편성 조직 단어구성 과정의 학습을 위한 방법으로 편제. 천도교 배경의 보성관 간행으로 추측. 학부 미검인정
勞動夜學讀本	1908. 7	兪吉濬이 편찬한 한국어 교과서. 兪吉濬이 <勞動夜學會>의 고문 재직이 편찬연유. 1909년 '치안법위반'으로 금서
幼年必讀釋義	1907	「幼年必讀」의 현채 편찬의 교사용 지도서. 3면 미만을 注意, 關心, 力點 등 10개 소단원 구체 설정. 1909년 5월 5일자 금서조치
初等小學	1906. 10	매권 70~80면의 8권 4책. 국판보다 약간 큼. 국한문혼용체. 양지(洋紙) 양장본. 일종의 국어독본. 4년간에 8권. 1학년에 한글을, 점차 고학년으로 국토, 역사, 인물, 애국심에 이어서 世界事情에서 폭넓은 교양을 학습토록 편제
樵牧必知	1903	상하 1책. 한글 위주에 신출 한자 훈음 학습편리. 국판 142면. 양지 양장본. 鄭崙秀 저, 南宮憶 교열, 安泰瑩 발행. 무학자에게 문자를 해득하도록 편제된 독학용 속성 한국어 교과서
高等小學讀本	1906. 11	2권 2책. 2권은 1907년 1월 발행. 「휘문의숙」 편찬. 「휘문의숙」의 숙장 장지연의 자주독립사상 작용. 1910년 10월 26일자 발매반포 금지
最新初等小學	1908. 7	초등용 한국어 교과서. 4권 2책 편술 겸 발행자 鄭寅琥의 명의로 발행. 한글 기초. 상단에 교사용 소주(小註)와 일자별 진도를 표시하여 교수(敎授)에 중점. 1910년 10월 26일자 발매반포 금지
初等小學	미상	저작 및 발행 보성관. 초등용 한국어 교과서. 애국애족과 자주독립을 구현할 목적으로 발행되었을 것으로 추정
普通學校學徒用 「國語讀本」	1906	1907년 2월 학부편찬 한국어 교과서. 인쇄는 大日本圖書株式會社에서 발행. 초판은 「國語讀本」으로, 1908년 「訂正普通學校學徒用國語讀本」으로 재판발행. 4년제에서 1년에 2권씩 8권 8책. 학부의 보통학교용 한국어 교과서는 1908년 3월 8권 발행으로 끝
普通學校學徒用 「日語讀本」	1907~ 1908. 3	1908년 3월 학부편찬 일본어교과서. 인쇄는 日本의 大倉書店. 초판은 「日語讀本」으로, 합병후 내용을 수정 보완하여 1911년 「訂正普通學校學徒用國語讀本」으로 재판발행. 4년제에서 1년에 2권씩 8권 8책
新編初等小學	1909. 9	6권 6책. 편집자 현채, 발행 겸 총발매소 東美書市. 1909년 8월 28일자 사립학교 朝鮮語科 초등교육 학도용으로 학부의 검정필 초등학교용 한국어 교과서. 1913년(조선총독부편찬 한국어교과서 출판 전)에 재판 발행 사립학교용 한국어 교과서로 사용

녀ㅈ독본	1908. 4	여성교육 전용 편찬의 한국어 교과서. 편집 장지연, **廣學書舖** 발행. 상권은 현모양처의 업적을 열거하고, 하권은 중국과 서양 여성들의 헌신적 활동을 서사하여 여성교화. 1910년 11월 16일 출판법 12조, 16조로 발매 금지
婦幼獨習	1908. 7	여성교육용 한국어 교과서. **姜華錫** 저, **李駿求** 발행. 가정독학용 특별편찬. 상권은 기초한자나 훈음으로 成語하고 한글해석. 하권은 상단에 2자 식 한자숙어, 하단에 국한문혼용의 속성 국한문학습
(修身書類) 夙慧記略	1896	78면. 서문 발문 첨가. 국한문 혼용체. 한지 한장본 4·6배판. 초등학교 임시 「修身教科書」 대체용. 조선과 중국 성현들의 고사중심으로 편집. 유교식 방법과 내용 답습
初等修身	1909. 4	朴晶東 저, 同文社 발행. 74면. 국한문혼용체 국판 양지 양장본. 학부검정필. 사립학교 수신서 초등교육 학도용으로 발행된 수신교과서. 총 5장 65소단원에서, 신체, 가정윤리, 치선 등 인간 수신으로 일관
中等修身教科書	1906. 9	휘문의숙 편집부 편찬, 휘문관 발행. 상 2권, 하 2권의 4권 2책. 국판 국한문혼용체 양지 양장본, 일제의 「私立學校令」(1908년)과 「教科用圖書檢定規定」(1908년)의 공포 전에 사립학교 독자적으로 편찬한 수신교과서의 중학교 저학년용. 1910년 11월 16일자로 일제에 의하여 발매 금지
高等小學修身書	1907. 8	휘문의숙 편집부 편찬, 휘문관 발행. 102면. 1권 1책. 국한문혼용체. 국판 양지 양장본. 국가 민족의 정신적 지도자를 양성코자, 중등학교 고학년용 수신서
普通學校學徒用 「修身書」	1907. 2	4권 4책. 권1 48면, 권2 58면. 권3 48면. 권4 44면. 국한문혼용체 국판 양지 양장본. 학부 편찬 발간. 일본 三省堂 인쇄. 학부편찬 교과서는 일제의 어용적 교과서로 사립학교에서 환영을 받지 못함
倫理學教科書	1906	申海永 편술, 보성중학교 발간. 4권 2책. 국한문혼용체. 국판 양지 양장본. 중학교 수업 년한 4년에서 4권. 애국, 애족사상의 확립과 국제교류의 새로운 시대적 요구를 반영
初等倫理學教科書	1907. 9	安鍾和 역술, 廣學書舖 발행. 1권 1책, 54면. 국한문혼용. 국판 양지 양장본. 중국 吳尙 저의 「初等倫理教科書」를 安鍾和가 번역. 편제의 내용이 다른 수신교과서와 비슷
녀ㅈ소학슈신셔	1909. 2	盧炳喜 저술, 교열 梨花學堂長 富羅伊, 進明女學校學監 餘袂禮黃 養源女學校長 伊高羅, 박문서관 발행. 1권 1책 78면. 한글전용. 국판 양지 양장본. 서양부인 교열자는 수신교과서에 서양 생활양식 취급으로 정확성 기도. 완전 한글 사용의 여자용 수신교과서로 읽기 편리 도모. 여자의 기본인 숙덕, 가사, 의복, 예절 등 삼강오륜을 취급
(歷史書類) 朝鮮歷史	1895. 仲秋	학부편집국간행, 3권 3책. 4·6배판(28.4x18.5cm), 국한문혼용체. 편년체 개설서, 한지 한장본. 왕중심의 편년체, 중세적 역사서술방식 답습. 실학계통의 삼한정통론 계승 단군, 기

		자, 마한, 신라로 이어지는 정통성 인정. 신라통일 중심으로 고구려, 백제 서술. 년기는 간지(干支)로 상단 공백에 서기 표시
朝鮮歷代史略	1895. 孟冬	학부간행 고등용 국사교과서. 3권 3책. 4·6배판 (28×18.1cm) 한지한장본 순한문체. 중국과 조선의 왕기를 동시 사용. 상단공백에 서기. 권두 총목법칙에 편찬 원칙. 주자강목에 따라 삼국시대의 왕기를 동시에 각각 기록 하나의 편년으로 서술
東國歷代史略	1899	학부편찬 고등용 국사교과서. 2권 3책 4·6배판(30.5×20). 고활자본(整理字)한지 양장본. 순한문체. 단군에서 고려까지 왕실 주변사를 단편적으로 나열한 편년체 개설서. 三朝鮮設을 계승. 제국주의의 침략성을 간파하지 못하고 투철한 민족의식도 찾기 어려움
大韓歷代史略	1899	2권 2책, 학부편찬 「東國歷代史略」의 이조편. 「東國歷代史略」이 2권3책, 「大韓歷代史略」 2권2책의 이조사가 발간. 표지에 「大韓歷代史略 四, 卷七 本朝紀」로, 6권 3책으로 끝난 「東國歷代史略」의 同一書
朝鮮略史十課	미상	대한제국 학부편찬. 초등용 국사교과서. 1책 46면. 4·6배판 (29.3×18.1cm) 국한문혼용체. 목활자 한지한장본. 「조선역사」 표제인데, 본문 제명에 모두 「朝鮮略史十課」로. 1895년 학부편찬의 「朝鮮歷代史略」을 체재만 바꿔 그대로 발췌. 각과마다 각국별로 시조, 건국에 이어 관제, 성진, 학교, 사원, 의관, 공예, 외교 등을 간략설명
普通敎科東國歷史	1899. 9	5권 2책. 국한문혼용체 국판(23.4×16.2cm) 양지 한장본. 현채 편찬의 학부불인가 초등학교용 국사교과서. 책머리에 단군, 기자, 위만조선, 삼한기를, 1권에 삼국기, 2권에 통일신라기, 3권 4권 5권에 고려기를 수록
初等大韓歷史	1908. 7	鄭寅琥 편집, 張世基 교열, 초등용 역사교과서. 1책 180면, 국한문혼용체 국판(22.7×15.4cm) 양지 한장본. 단군에서 이조까지 개설한 초등역사서. 고대사는 단군, 기자, 위만조선, 삼한으로, 삼한에서 백제, 신라, 가락으로 체계화. 주제별 편, 장, 절, 민족적, 국가적 사실을 서술. 단군 초상 및 고조선과 삼한의 지도, 삼국정입도 등
東國史略	1906. 6	일본인 중학생 역사 저서를 현채 역술, 4권 2책. 국판 (22.3×15.1cm) 양지 한장본, 국한문혼용체. 왕중심의 태고, 상고, 중고, 근대로 시대구분한 편년체 서술의 표제 「中學敎科東國史略」. 1909년 5월 5일자로 학부불인가 및 내부대신 발매금지도서로
初等本國歷史	1909	安鐘和 저작의 초등용 국사개설 교과서. 국판 양지 한장본 국한문혼용체. 건국 기사를 간략하게 서술, 각장마다 「○○○문화」난 설정이 타서와 차이. 상고, 중고, 근고, 국조의 4장으로. 단군~삼한을 상고로, 삼국~통일신라를 중고로, 고려를 근고로, 이조를 국조로 구분
大東歷史	1905	崔景煥 편집, 鄭喬 평열. 5권 2책, 4·6배판(31.4×20.1cm) 한

		지 한장본. 1책은 단군~삼한의 통사, 2책은 鄭喬 편집 단군~삼한의 편년체 개설서. 한말 지사 독립협회 핵심인 秋人 鄭喬(후일 「大韓季年史」도 편찬)의 주도와 同會員 崔景煥, 劉鎬植의 자료수집 편찬
大東歷史	1905	12권4책, 국판(23×15.7㎝) 활자체 양지 한장본, 학부불인가의 단군~통일신라의 편년체 국사교과서. 1905년 崔景煥 편집의 「大東歷史」를 발간한 뒤, 삼국기와 통일신라기를 추가 활자체 양지 한장본으로 외형 변경 후 교과서로 사용
初等大東歷史	1908. 8	朴晶東 저작 학부검정의 私立學校初等用 개설서적 역사교과서. 1책 90면, 국판(22.2×15.2cm) 양지 한장본, 국한문혼용체. 민족적 사건, 역사적위인, 명장, 대외항쟁사에 비중을 두어 제국주의 침략에 대한 저항, 민족의 자주독립을 위한 민족의식의 표현. 朴晶東 홍사단 편집부장이 편찬한 홍사단발간의 「初等本國略史」(1909)와 체재, 내용이 거의 동일
大東歷史略	1906	대한국민교육회 편찬 보통학교용 국사개설서. 7권 1책 250면. 국판(22.5x15.8cm) 국한문혼용체 활자체 양지 한장본. 상고~고려말의 신라중심으로 고구려, 백제를 추가로 기술하여 신라에 정통성 부여. 편년체 왕중심의 간략 나열. 위만 및 한사군은 배제
대한력ᄉ	1908	H.B.Hulbert와 吳聖根 공저. 4·6배판(25.7x18.8cm) 활자체 양지 한장본 순국문. 서술방법 내용, 체재 등을 전통적 구사체로. 왕중심의 편년체로, 기자조선의 세계를 상세히 밝혀, 삼한정통론에 따라 고대사를 체계화시킴
新訂東國歷史	1906	元泳義·柳瑾編輯, 張志淵校閱 學部不認可 編年體 初等 歷史敎科槪說書. 2권 2책 330면 菊判(22x15cm) 국한문혼용체 양지 한장본. 元泳義, 柳瑾, 張志淵은 1898년 國漢文混用의 「皇城新聞」 창간으로 獨立精神, 近代化意志, 民族意識 투철. 三國紀를 各國別로 서술. 중요사건, 의심사항에 史論을, 古地名을 考證 地名 및 현 위치 밝힘
國朝史	미정	元泳義의 구술(口述)을 채록. 1책 200면 국판(21.5x15cm), 프린트본. 국한문혼용체 編年體槪說書. 표지, 서, 판권 등이 없어, 어떤 교재인지 알 수 없음. 서두에 「國朝史, 元泳義口述」 이조역사, 발간년도는 한일합방 직전으로 추정
初等本國歷史	1908	柳瑾 저, 安鍾和·張志淵 교정. 1책 62면. 국판(22.3x15.2cm)의 활자체 국한문혼용 양지 한장본. 초등용 역사교과서. 단군~이조 건국중심 간략 서술. 고대사는 단군, 기자, 위만의 삼조선을 중심으로 체계화, 삼한시대는 봉건시대로 설정하여 서술
초등대한력ᄉ	1908	조종만 편찬 순국문국사 초등용교과서. 1책 88면. 국판(21.6x15.1cm) 순국문체 양지 한장본. 민족의식의 발로로 편찬되었으나, 「初等本國歷史」를 純國文으로 풀어서 역술한 것 외에는 편찬자의 어떠한 의도도 가미되지 않음

新撰初等歷史	1910	柳瑾 著, 장지연 교열. 편년체 국사교과서. 3권 3책 300면. 국판(22x15cm) 국한문혼용체 양지 한장본. 학부검정 초등용 편년체 국사교과서. 廣德書館 발행. 단군~일제통감부 설치까지. 단면적 왕년대기 같은 성질. 학부검정을 위해서인지, 통감부설치와 일제침략을 인정, 민족교육 측면 고려 못한 오류
初等本國略史	1909. 9	朴晶東 저. 興士團 발간. 2책 164면. 국판(22.3x15cm) 국한문혼용체 양지 한장본. 학부검정의 초등용 역사교과서. 朴晶東이 1909년 8월에 발간한 「初等大東歷史」와 같은 내용, 체재. 사건, 위인, 명장 중심 서술

4. 조선에서의 일본어 교육

1) 〈을사늑약〉 이전의 일본어 교육

일본어 교육은 식민지 조선이라는 식민지의 특수한 상황에서 동화정책 중에서도 가장 기본적인 수단으로 중요시되었다. 이는 말과 역사를 정복하는 것이 동화정책의 시작이요 완성이라는 의미였을 것이다. 이미 통감부 시대부터 이 같은 의도로 일본어를 가르쳤다는 것은, 교육부분에서는 사실상 일제의 식민화가 상당히 진행되고 있었다는 것을 잘 나타낸 예라 생각된다. 이와 같은 의도를 간파한 조선의 민족지도자들은 일제가 학부 교과서를 편찬하려는 움직임에 대해 민족지도자나 구국지사들을 주축으로 다음과 같은 이유를 들어 맹렬하게 반대운동을 전개하였다.

① 외국인에게 교과서 편찬을 의뢰하는 것은 부당하다.
② 자국이 저술한 것을 사용하는 것이야말로 애국심을 고취할 수 있다.
③ 외국, 일본이 자국보다 우수하다는 것은 자국정신을 감축시키는 것이다.

④ 일본어 학습을 중하게 여기는 것은 노예근성을 기르는 것 이
외 쓸모가 없다.11)

이와 같은 우려에 대해 학부에서 교과서 편찬에 관여한 미쓰지 주조
는 "한일 양국은 밀접한 관계에 놓여 있기 때문에 일본어를 이해하는
자는 장차 관리로서 높은 지위에 등용되기 쉽고, 상인 또한 이익을 얻기
쉬우며, 취직할 때도 유리하다"는 주장을 내세우기도 하였다.12)

근대조선에 있어서 일본인에 의한 일본어 교육은 1891년 6월 경성에
개설된 日語學堂에서 시작된다. 교장 겸 교사로 부임한 오카쿠라 요시
사부로(岡倉由三郞)13)에 의한 이 日語學堂의 설립 목적은 한일교섭의
통역자를 양성하기 위한 것이었다. 이 日語學堂은 갑오경장을 추진하기
위한 근대교육제도의 하나로서 1895년 5월에 공포된 <外國語學校官
制>에 의해서, 정식으로 외국어학교 산하 관립일본어학교가 되었다.

초기의 일어학교는 관 주도하에 한성(서울)을 중심으로 설치되었으
나, 1896년부터 1898년에 걸쳐 「경성학당」, 「호서학당」과 같은 일본인
의 단체 혹은 개인이 설립한 일어학교가 주로 서울이남 지역에 들어서
게 되고, 1899년에는 평양에 「평양일어학교」에 이어 순수 민간 한국인
유지에 의한 「낙연의숙」, 「한양학교」 등이 속속 등장하게 된다. 이어서
인천에 「官立仁川港外國語學校」, 경성에 「日語學校」, 부산에 「開成學校」
등이 세워지고, 1899년에는 平壤, 京城, 城津에 일본어 학교가 설립14)

---

11) 강윤호(1973), 『개화기의 교과용도서』, 교육출판사, p.113.
12) 高橋浜吉(1927), 『朝鮮敎育史考』, 帝國地方行政學會朝鮮本部, pp.169～170.
13) 岡倉由三郞(1868～1936) 明治, 大正, 昭和期의 영어학자. 오카쿠라 덴싱의 동생.
　　1891년 조선정부로부터 초청받아 일본어학교를 창립. 1896년부터 1925년까지 東京
　　高師 英語科主任.
14) 이는 일제가 발행한 문서에 의한 것으로 다소 오류가 있다. "일제는 동학혁명을 좌절
　　시키고 청일전쟁에서 성공한 후 조선에 친일적인 갑오개혁 정부를 세워 과거제를 폐

됨에 따라 일본어 교육은 점차 한국 땅에 뿌리내리게 된다. 이러한 일어 학교의 개설은 1904년에 10개교, 1905년에 22개교를 정점으로 하여 1906년에 16개교에 달하여, 지역별, 설립 주체별로도 전면적으로 전개되었다. 일본어 학교 개설이 1905년에 절정을 이룬 것은, 1904년에 시작된 러일전쟁의 전황이 일본에 유리한 쪽으로 전개된 것이 주된 원인이라 할 수 있을 것이다.

1895년 7월에 공포된 <소학교령>에 의하여 설립된 관공립소학교나 중학교에서도 외국어(일본어)를 추가로 설치할 수 있도록 하였는데, 실제로 선택과목으로 일본어 교육을 행한 학교는 한성사범부속소학교(고등과)와 한성중학교뿐이었다. 따라서 이 시기의 일본어 교육은 관립 일어학교를 중심으로, 일부의 관립소학교나 중학교, 그리고 민족계 사립학교에서 부수적으로 실시된 것으로 볼 수 있다.

한편 일본어는 <소학교령>기 까지는 단순 외국어로 취급되다가, <보통학교령>기에 들어서면서 그 효용가치가 높아짐에 따라, 통감부설치 이후에는 독립된 교과목으로 선정된다. 시간도 국어, 산술과 함께 주당 6시간이 배정되기에 이르러, 급기야 주요 교과목으로 부상하게 된다. 이에 따라 학제에 맞는 교과서 편찬이 시급하게 되어 學部에서는 관공립학교의 일본어 교과서로『日語讀本』전 8권 8책을 편찬 공급하게 된다.

이 밖에도 초급자를 위한 일본어 독습서로 육종면(1909)의『대속성 3개월 일어독습서』15)와 정운복(1909)의『독습일어정칙』16)이 있다. 이

___

지하고 새로운 소학교 교과서 편찬을 결의했다. 고종황제는 1895년 <교육입국조서> 와 더불어 신학제를 시행하며 소학교를 설립했지만 이는 모두 일본의 세력을 배경으로 일본 교육칙어와 학제를 모방하여 교육의 기준을 정한 것이었다. 그리고 갑오개혁 정부가 의무교육의 실시를 결정한 것은 성급한 정책이었고 예산과 교원의 부족 그리고 교과목에 있어 한문과 習字의 교수는 서장과 다를 바 없었다.”고 일제는 평가했다.(大藏省管理局編(2000),『日本人の海外活動に關する歷史的調査』, 東京 : 紀伊國屋書房, pp.3~4 참고)

두 독습서는 정치, 법률, 학교, 산업, 지리 등 인문사회 전반에 걸쳐 다양한 주제를 다루고 있으나, 우리말에 단어를 대응시키는 것으로 일본어 문장이 될 수 있다는 전제하에, 1과부터 마지막 과까지 같은 난이도로 다양한 문장을 제시하는 정도로, 체계적인 교과서로 보기에는 미흡하다.

2) 통감부의 교육정책과 『日語讀本』

1900년 한국정부의 학부 고문으로 부임한 시데하라 다이라는 "천년의 문은(文恩)에 대해서, 보답해야 할 좋은 기회가 열렸다."라며 일본문물의 적극적인 조선이입을 꾀하려고 하였다. 일본정부는 1905년 10월 한국 통치방침을 검토하여 "교육은 한국 신민으로 하여금 일본에 감화시키게 하는 것을 주안으로 한다."라는 조선민족의 교육지배의 기본 노선을 정했다. 1905년의 <을사늑약> 체결 후 일본의 침략으로부터 국권을 회복하기 위해서 애국계몽운동이 활발히 전개되었고, 이는 서당과 사립학교의 증가로 나타난다. 일제는 이를 무마시키기 위해서 '문명적 교육'이라는 이론적인 무기로 1906년 8월 <보통학교령> 및 <보통학교령시행규칙>을 공포하고, 동년 9월 1일부터 시행하게 된다.

<보통학교령>이 이전 1895년의 <소학교령>과 크게 다른 점은, 새로운 교과목으로 일본어가 추가된 것이었다. 이에 대해 대부분의 국민들은 아동들이 일찍부터 일본어를 배우는 것에 대해 매우 걱정스러워했다. 아직 한글도 완전하지 않은 아동에게 매주 6시간씩 4학년까지 배

---

15) 육종면(1909), 『일어독수서』, 해동서림(한성)
16) 정운복(1909), 『일어정칙』, 경성일보사(경성)

정한 것은 아동에게 외국 혼을 주입시켜 국민성을 빼앗을 우려가 있다고 비판하였다.17) 그러나 시대가 변해감에 따라 실용을 위한 외국어로써 교육되었던 일본어가 통감부 이후 주요교과목으로 부상하게 된다.

<보통학교령시행규칙>에 의하여 통감부기 조선에서의 일본어 교육은 간단한 일어를 이해시키고 처세를 위한 것을 목적으로 하였기 때문에 그 내용 또한 지극히 실용적인 것이 주가 된다. 이는 이 시기 조선에 시행하였던 일본어 교육이 「국어 및 한문」에서 추구하였던 장래적 필요성보다는 현실적 필요성에 의한 것임을 말해준다. 그런 점에서 당시 '思想表現 및 智德啓發의 手段'으로써 인간성 육성이라는 역할이 부여된 「국어 및 한문」은 「국어」과목으로, 일본어는 「외국어」과목으로 자리잡게 되었다.18)

『日語讀本』은 당시 學部의 편수과장 오다 쇼고(小田省吾)와 편수관 다치가라 노리토시(立柄敎俊), 장학관(視学官) 이시다 신타로(石田新太郎)에 의해 편찬되었다. 일본정부가 바라던 바, 정치적 목적에 의하여 조선 아동을 대상으로 편찬된 『日語讀本』은 관공립소학교의 정식교과목으로 선택되었다. 4년제였던 당시 보통학교의 수업연한에 맞게, 한 학기에 한 권씩 4년 동안 모두 8권 8책을 이수하도록 구성하였다.

『日語讀本』은 내용 전체가 일본어로 되어 있으며, 외국어로서 일어를 일본의 문화와 함께 쉽고 빠르고 정확하게 습득할 수 있도록 체계적으로 구성되어 있다. 특히 『日語讀本』의 편찬에 일본인이 직접 참여한 관계로, 그 내용을 보면 일본어 교육은 물론이고, 각 학년별로 근대일본의 발전상황이나 일본의 행정체계, 지도 또는 삽화에 있어서 등장인물의 의상이나 머리모양 등 일본인의 풍속이나 의복이 그대로 사용되고

---

17) 古川昭(2002), 앞의 책, pp.74~86 참조
18) 久保田優子(2005), 『植民地朝鮮の日本語教育』, pp.98~99 참조

있는 것을 알 수 있다. 이러한 점은 조선을 점차적으로 잠식해 가려는 일본의 정치적 교육적 의도가 이미 초등학교용 교과서에까지 확연하게 미치고 있음을 말해준다 하겠다.

통감부시절부터 일제강점기까지 조선인에게 교육했던 일본어 교과서를, '통감부기'와 '일제강점기'로 대별하고, 다시 일제강점기를 'Ⅰ기에서 Ⅴ기'로 분류하여, '주요법령, 교과서명, 편찬연도, 권수, 초등학교명, 수업연한, 편찬처' 등을 <표 6>으로 정리하였다.

<표 6> 統監府期, 日帝强占期 사용한 日本語教科書

時期	主要法令	日本語教科書 名稱			編纂年度 및 卷數	學校名	修業年限	編纂處
統監府期	普通學校令 (1906. 8. 27)	普通學校學徒用 日語讀本			1907~08 全8卷	普通學校	4	大韓帝國 學部
日帝强占期		訂正 普通學校學徒用國語讀本			1911. 3. 15 全8卷	普通學校	4	朝鮮總督府
	第1次朝鮮教育令 (1911. 8. 23)	一期	普通學校國語讀本		1912~15 全8卷	普通學校	4	朝鮮總督府
	第2次朝鮮教育令 (1922. 2. 4)	二期	普通學校國語讀本		1923~24 全12卷	普通學校	6	(1~8) 朝鮮總督府 (9~12) 日本文部省
		三期	普通學校國語讀本		1930~35 全12卷	普通學校	6	朝鮮總督府
	第3次朝鮮教育令 (1938. 3. 3)	四期	初等國語讀本		1939~41 全12卷	(尋常) 小學校	6	(1~6) 朝鮮總督府 (7~12) 日本文部省
	第4次朝鮮教育令 (1943. 4. 1)	五期	ヨミカタ	1~2學年 4卷	1942 1~4卷	國民學校 (初等科)	6	朝鮮總督府
			初等國語	3~6學年 8卷	1942~44 5~12卷			

5. 『日語讀本』의 표기 및 배열

『日語讀本』은 아직 일본어를 접하지 못한 조선 아동을 대상으로 학부에 의해 편찬되고 일본의 오쿠라(大倉)書店印刷社에서 인쇄된 초등교육과정 일본어 입문 교과서이다. 각 학년에 2권씩 4학년까지 총 8권으로 되어 있으며, 정가는 12錢으로 되어 있으나, 통감부 시절 초기에는 공립학교 아동에 한하여 무상으로 지급되었다.

『日語讀本』의 특징은, 띄어쓰기가 없는 일본어 표기에서 모어(母語)를 달리하는 조선 아동이 처음 일본어로 된 교과서를 접하는데 있어서 쉽게 이해시키기 위하여 저학년(1, 2학년)용에 '띄어쓰기'가 되어 있다. 또한 존경어와 겸양어 연습, 인칭과 호칭, 능동과 수동 등 난이도를 고려하여 문법을 체계적으로 제시한 점을 들 수 있다. 따라서 고학년으로 갈수록 문장이 길어지고, 문법 또한 다양해지는 것을 알 수 있다.

『日語讀本』은 내용 전체가 일본어로 되어 있으며, 필요한 부분에 삽화를 넣어 학습자의 흥미를 이끌고자 하였다. 외국어로서의 일어를 일본의 문화와 함께 쉽고 빠르며 정확하게 습득하게 하기 위하여 생활에서 흔히 사용되는 단어, 절, 문장으로 이야기를 꾸며 한 단원을 전개하였고, 일상생활과 밀접한 내용을 주제로 하여 학습자의 흥미를 이끌고자 하였다.

또한 각 단원의 구성은 단원이 시작되는 부분에 신출단어를 제시하였으며, 본문을 습득한 후에 연습문제를 수록하여 배운 내용을 반복학습 할 수 있도록 하였다. 본문의 내용은 일상생활, 자연과학, 새로운 문명, 날씨 등의 다양한 주제를 다루었으며, 이야기를 통한 바른 어법이 이루어질 수 있도록 문장을 구성하고 있으며, 역사, 지리는 물론, 인체의 활동이나 밤낮 길이의 변화 등 자연과학에 대한 내용도 상당히 많은 부분을 차지하고 있다.

『日語讀本』의 또 다른 특징은 초등학교용 교과서 치고는 삽화가 매우 적은 편이다. 그 얼마 안 되는 삽화 중에서도 유독 눈에 띄는 것은 역사(驛舍) 같은 새로운 근대식 건물이나 일본 본토를 중심으로 한 주변국의 지도, 그리고 등장인물의 의상이다. 이는 밀려오는 근대 문명과 함께 일본에 의하여 점점 잠식되어 가는 韓末의 실정을 말해준다 할 수 있을 것이다.

교재의 내용 또한 새로운 문화를 소개하는 단원이 눈에 띄게 많아지는데, 특히 산업사회가 발달하고 근대화가 되어감에 따라 고학년으로 갈수록 기차, 여관, 취직, 분업, 물건의 주문, 상거래, 화폐, 학술토의, 재판과 소송, 일본의 행정체계 등등에 관련된 내용이 늘어난다. 특히 당시 철도부설을 담당한 일본이 기차를 비롯한 교통수단을 이용하여 개화된 문명을 조선에 전해주었다는 간접적인 메시지가 담겨 있는 것으로 해석된다.

흑회색 양장본으로 된『日語讀本』8권의 출판사항은 다음 <표 7>과 같다.

<표 7> 學部編纂 『日語讀本』의 출판 사항

學部編纂 『日語讀本』의 출판 사항 1907~1908년							
卷數	출판년도	사이즈		課	頁	정가	학년 학기
		縱	橫				
卷一	1907	22	15	35	56	12 錢	1학년 1학기
卷二	1907	22	15	17	40	12 錢	1학년 2학기
卷三	1907	22	15	25	86	12 錢	2학년 1학기
卷四	1907	22	15	26	88	12 錢	2학년 2학기
卷五	1908	22	15	30	80	12 錢	3학년 1학기

卷六	1908	22	15	22	76	12 錢	3학년 2학기
卷七	1908	22	15	20	74	12 錢	4학년 1학기
卷八	1908	22	15	20	87	12 錢	4학년 2학기
總 8冊 8卷				195	587		

이번에 학부편찬 『日語讀本』을 출판함은, <을사늑약> 전후 '한국의 교육제도'와 '일본어 교육' 과정을 세심하게 살펴볼 수 있는 자료적 의미로써의 성과와, 그동안 사장되었던 미개발 자료의 일부를 발굴하여 체계적으로 정리해 놓는 것에 큰 의의를 두었다.

따라서 이 시대를 사는 우리들이 새로운 시점에서 보다 나은 시각으로 당시의 모든 문화와 역사, 나아가 역사관을 구명할 수 있는 자료로도 활용될 수 있기를 기대한다.

전남대학교 일어일문학과

김 순 전

≪學部編纂 日語讀本 編著 凡例≫

1. 권1은 1학년 1학기, 권2는 1학년 2학기,…… 권8은 4학년 2학기로 한다.

2. 원본의 세로쓰기를 편의상 좌로 90도회전하여 가로쓰기로 한다.

3. 신출단어 및 자형비교의 상란과 좌란은 각각 좌란과 하란으로 한다.

4. 반복첨자 기호는 가로쓰기이므로 반복 표기하고, 밑줄로 표시한다.

5. 본서 목차 (   )안과 본문내용 하단의 숫자는 원본 쪽수를 표기한 것임.
※ 5에 있어서, 원문의 여러 쪽을 한쪽으로 압축할 경우, 원문 마지막 행의 우단에 쪽수를 표기하기로 한다.(예: 행 끝의 (1-5)와 같은 표시는, '學部編纂 『日語讀本』卷一'의 5쪽을 의미함)

6. 한자의 독음은 (   )안에 표기한다.

7. 대화문과 지문 스타일은, 각 기수마다 다르므로 각 기수의 원문대로 표기한다.

8. 편지, 수필 등은 인용문으로 처리한다.

9. 출처 『普通學校學徒用日語讀本』 권3은 이화여대도서관, 『日語讀本』 권1,2,4,5,6,7,8은 국립중앙도서관 소장본을 저본으로 하였다.

學部編纂

日語讀本 卷一

第1學年 1學期

學部編輯局出版

學部編纂

日語讀本 卷一

學部編輯局出版

卷一 [1學年 1學期, 1907] 目 次 [目次名 無]

第一課

本　　　　　敎場

先生　　　　運動場

生徒　　　　門

學校　　　　黑板

第二課

紙	筆 (1-1)
墨	硯
机	椅子
腰掛	窓

第二課

第三課

長イ筆　　　　短イ筆

太イ筆　　　　細イ筆

廣イ敎場　　　狹イ敎場

高イ机　　　　低イ腰掛 (1-2)

第四課

カ	大イ生徒	小イ生徒
ミ	厚イ本	薄イ本
ナ	黒イ墨	白イカミ
ガ	ナガイ烟管	短イ白墨

第五課

讀ミ　　　　　新聞

人　　　　　　マス (1-3)

ヲ　　本ヲ　　　　　讀ミマス

マス　新聞ヲ　　　　讀ミマス

ス　　生徒ガ　本ヲ　讀ミマス

　　　人ガ　　本ヲ　讀ミマス

第六課

木　　草　　花　　靑イ

赤イ　　アリ

ア　　木ガ　アリマス (1-4)

リ　　草ガ　アリマス

ハ　　花ガ　アリマス

　　　太イ木ガ　アリマス

　　　靑イ草ガ　アリマス

　　　赤イ花ガ　アリマス

練習

高イ机ガ　マリマス

低イ椅子ガ　アリマス (1-5)

厚イ紙ガ　アリマス

長イ烟管ガ　アリマス

第七課

此處　　其處　　彼處　　力

ニ　　此處ニ　厚イ本ガ　アリマス

　　　彼處ニ　赤イ花ガ　アリマス

　　　其處ニ　薄イ本ガ　アリマス (1-6)

ソ　　ソコニ　細イ筆ガ　アリマスカ

コ　　アソコニ　細イ筆ガ　アリマスカ

第八課

<table>
<tr><td></td><td>犬</td><td>居</td><td>馬</td></tr>
<tr><td></td><td>牛</td><td>兵隊</td><td></td></tr>
</table>

	アソコニ	大イ牛ガ	居マス
	ココニ	小イ馬ガ	居マス
	ソコニ	小イ犬ガ	居マス (1-7)
ヘ	アソコニ	兵隊ガ	居マスカ
タ	アソコニ	ヘイタイガ	居マス

第九課

私　　アナタ　　往キ　　ハイ

私ハ　本ヲ　讀ミマス

アナタハ　本ヲ　讀ミマスカ

ハイ、　私モ　本ヲ　讀ミマス (1-8)

私ハ、　學校ヘ、　往キマス。

アナタハ、　學校ヘ、　往キマスカ。

ハイ、　私モ、　學校ヘ、　往キマス。

モ

キ

第十課

此　　　其　　　彼

イイエ　　セン

ノ
エ
セ
ン

アナタハ、　此本ヲ、　讀ミマスカ。

私ハ、　其本ヲ、　讀ミマス。(1-9)

アナタハ、　ソノ本ヲ、　讀ミマスカ。

イイエ、　私ハ、　コノ本ヲ、　讀ミマセン。

福童ハ、　彼新聞ヲ、　讀ミマス。

順明ハ、　ソノ新聞ヲ、　讀ミマス。

第十一課

字　　畫　　カク　　マシタ (1-10)

シ　福童ハ、　コノ本ヲ、　讀ミマシタ。

竹姫モ、　コノ本ヲ、　讀ミマシタ。

アナタハ、　アノ本ヲ、　讀ミマシタカ。

ワ　イイエ、　ワタクシハ、　アノ本ヲ、　讀ミマセン。

ク　アノ生徒ハ、　畫ヲ、　カキマス、

コノ生徒ハ、　字ヲ、　カキマス。(1-11)

第十二課

讀本　　出シ　　ナサイ

開ケ　　擧ゲ　　手

紙ヲ、　出シマシタカ。

ハイ、　紙ヲ、　出シマシタ。

讀本ヲ、　オ出シナサイ。

本ヲ、　オ開ケナサイ。

ハイ、　本ヲ、　開ケマシタ。(1-12)

テヲ、　オ擧ゲナサイ。

サ
ケ
オ
テ
ゲ

練習

本ヲ、　オ讀ミナサイ。

字ヲ、　オカキナサイ。

畫ヲ、　オカキナサイ。

第十三課

コレ　　ソレ　　アレ

笠　　帽子　　石筆 (1-13)

デス

レ
デ

コレハ、　私ノ机、　デス。

ソレハ、　アナタノ笠、　デス。

アレハ、　アナタノ帽子、　デスカ。

ハイ、　アレハ、　私ノ帽子、　デス。

コレハ、　アナタノ、　石筆、　デスカ。

ハイ、　ソレハ、　私ノ石筆、　デス。(1-14)

第十四課

何　　誰　　サン
橋　　知リ

アレハ、　何、　デスカ。

アレハ、　橋、　デス。

アノ人ハ、　誰、　デスカ。

アノ人ハ、　李サン、　デス。

アノ本ハ、　何ノ本、　デスカ。

アレハ、　讀本、　デス。(1-15)

コレハ、　誰ノ帽子、　デスカ。

私ハ、　知リマセン。

ソレハ、　先生ノ帽子、　デス。

第十五課

ドレ　　ドコ　　家

屋根　　鳥

ト　アソコニ、　トリガ、　居マス。

ド　ドコニ、　鳥ガ、　居マスカ。(1-16)

アノ家ノ、　屋根ニ、　居マス。

ココニ、　本ガ、　アリマス。

ドレガ、　アナタノ本、　デスカ。

コレガ、　私ノ本　デス。

第十六課

一　二　三　四　五
六　七　八　九　十
數ヘ　枚 (1-17)

ココニ、　紙ガ、　アリマス。

私ガ、　コレヲ、　數ヘマス。

　　一枚、　二枚、　三枚、　四枚、　五枚、
　　六枚、　七枚、　八枚、　九枚、　十枚。

ココニ、　セキヒツガ、　アリマス。

ヒ
ツ
　　一本、　二本、　三本、　四本、　五本、
　　六本、　七本、　八本、　九本、　十本。(1-18)

第十七課

子供　　圓　　錢　　厘

子供ガ、　錢ヲ、　數ヘテ居マス。

一圓、　二圓、　三圓、　四圓、　五圓、

六圓、　七圓、　八圓、　九圓、　十圓。

一錢、　二錢、　三錢、　四錢、　五錢、

六錢、　七錢、　八錢、　九錢、　十錢。

一厘、　二厘、　三厘、　四厘、　五厘、(1-19)

六厘、　七厘、　八厘、　九厘、　十厘。

十厘ガ、　一錢、　デス。

第十八課

見　　幾　　匹　　起　　寢

コノ畫ヲ、　見マシタカ。

ココニ、　牛ガ、　居マス。

ウ　ウシガ、　幾匹、　居マスカ。(1-20)

三匹、　居マス。

馬ガ、　幾匹、　居マスカ。

二匹、　居マス。

馬ハ、　起キテ、　居マス。

牛ハ、　寢テ、　居マス。

第十九課

朝　　　夜　　　何時

早ク　　　遲ク (1-21)

アナタハ、　朝ハ、　何時ニ、　起キマスカ。

私ハ、　朝ハ、　六時ニ、　起キマス。

夜ハ、　何時ニ、　寝マスカ。

ヨルハ、　九時ニ、　ネマス。

李サンハ、　早ク、　起キマス。

金サンハ、　遲ク、　寝マス。(1-22)

ヨ
ル
ネ

第二十課

クダサイ　　　幾ラ。　　アゲ

フ　フデヲ、　クダサイ。

ダ　ドレヲ、　アゲマセウカ。

　　アレヲ、　クダサイ。

　　幾本、　アゲマセウカ。

　　三本、　クダサイ。

ラ　一本、　幾ラ、　デスカ。(1-23)

　　一本、　二錢五厘、　デス。

　　コノ紙、　一枚、　イクラ、　デスカ。

　　一枚、　二厘、　デス。

第二十一課

教　　　習ヒ　　　立チ

皆　　　坐リ

先生ガ、　本ヲ、　教ヘマス。

生徒ハ、　習ヒマス。(1-24)

先生ガ、　本ヲ、　教ヘテ居マス。

生徒ガ、　習ッテ居マス。

先生ハ、　立ッテ居マス。

生徒ハ、　坐ッデ居マス。

ホ　　生徒ハ、　皆、　ホンヲ、　開ケテ居マス。

生徒ガ、　立チマシタ。

生徒ハ、　坐リマシタ。(1-25)

第二十二課

歸リ　　　今日　　　オトウサン

オカアサン　　ネ　　カラ

正福ハ、　學校カラ、　歸リマシタ。

正福。　　　オトウサン、　歸リマシタ。

オトウサン。早ク、　歸リマシタネ。

　　　　　今日ハ、　何ヲ、　習ヒマシタカ。(1-26)

正福。　　　筭術ト、　習字ト、　日本語トヲ、

　　　　　習ヒマシタ。

オトウサン。習字ノ紙ヲ、　オ見セナサイ。

正福ハ、　習字ノ紙ヲ、　オトウサンニ、　見セマシタ。

オトウサン。オカアサンニモ、　オ見セナサイ。

　　　　　　　　　　　　　　　(1-27)

第二十三課

昨日　　明日　　曜日

遊ビ　　日　　　月

ビ

昨日ハ、　早ク、　起キマシタカ。

今日ハ、　遲ク、　起キマシタ。

今日ハ、　日曜日、　デス。

今日ハ、　遊ビマセウ。

明日ハ、　月曜日、　デス。(1-28)

アナタハ、　作文ヲ、　書キマシタカ。

ハイ、　私ハ、　昨日、　書キマシタ。

私モ、　今日、　書キマセウ。

第二十四課

		繪　　買ヒ　　イツ
ヱ	李。	此繪ノ本ヲ、　買ヒマシタ。
	張。	コノヱヲ、　イツ、　買ヒマシタカ。(1-29)
	李。	昨日、　買ヒマシタ。
	張。	何處デ、　買ヒマシタカ。
	李。	本町デ、　買ヒマシタ。
	張。	一枚、　イクラ、　デシタカ。
チ	李。	イチマイ、　五錢、　デシタ。

誰

何 (1-30)

ドレ

何處

イツ

第二十五課

　　　　汽車　　　走リ　　　來

　　　　出　　　　ハヤ　　　行キ

ヤ

汽車ハ、　早ク、　走リマス。

アソコニ、　汽車ガ、　走ッテ居マス。(1-31)

ハヤ、　ソコヘ、　來マシタ。

アノ汽車ハ、　何處ヘ、　行キマスカ。

アノ汽車ハ、　京城ヘ、　行キマス。

何處カラ、　來マシタカ。

仁川カラ、　來マシタ。

何時ニ、　仁川ヲ、　出マシタカ。

八時ニ、　デマシタ。(1-32)

練習

一、　汽車ハ、　何時ニ、　出マスカ。

二、　九時ニ、　出マス。

三、　アナタハ、　何處ヘ、　行キマスカ。

四、　アノ兵隊ハ、　何處カラ、　來マシタカ。

五、　アノ兵隊ハ、　仁川カラ、　來マシタ。(1-33)

第二十六課

マデ　　里　　時間　　半

カカリ　　汽車賃　　等

仁川カラ、　京城マデ、　幾里、　アリマスカ。

十里、　デス。

汽車ハ、　幾時間、　カカリマスカ。

一時間半、　カカリマス。(1-34)

汽車賃ハ、　イクラ、　デスカ。

三等ハ、　四十七錢、　デス。

二等ハ、　九十四錢、　デス。

一等ハ、　一圓四十一錢、　デセウ。

第二十七課

禮　　シ　　今　　ゴザイ

言ヒ　　善イ

先生ガ、　今、　學校ヘ、　來マシタ。(1-35)

生徒ガ、　皆、　禮ヲ、　シマシタ。

生徒ガ、　先生ニ、　言ヒマシタ。

先生、　オ早ウ、　ゴザイマス。

先生ガ、　生徒ニ、　言ヒマシタ。

皆サン、　オ早ウ、　ゴザイマシタ。

アノ生徒ハ、　善イ生徒デ、　ゴザイマス。(1-36)

練習

一、　アソコニ、　赤イ花ガ、　ゴザイマス。

二、　此煙管ハ、　長ウ、　ゴザイマス。

三、　汽車ハ、　早ウ、　ゴザイマス。

第二十八課

兄　　弟　　ダイジ　　ヨク

勉強　　惡イ　(1-37)

順明ハ、　善イ子供デ、　ゴザイマス。

順明ハ、　弟ヲ、　ダイジニ、　シマス。

順明ノ弟ハ、　惡イ子供　デス。兄ヲ、　ダイジニ、

シマセン。

順明ハ、　ヨク、　勉強シマス。

順明ハ、　ヨク、　運動シマス。

先生モ、　生徒モ、　順明ヲ、　ダイジニ、　シマス。

(1-38)

第二十九課

桃　　　問ヒ　　澤山

答ヘ　　イクツ

先生ガ、　黑板ニ、　桃ノ繪ヲ、　澤山、　カキマシタ。

先生ハ、　生徒ニ、　問ヒマシタ。

ココニ、　桃ガ、　イクツ、　アリマスカ。(1-39)

生徒ハ、　數ヘマシタ。

　　　一ツ、　二ツ、　三ツ、　四ツ、　五ツ、

　　　六ツ、　七ツ、　八ツ、　九ツ、　十。

生徒ガ、　答ヘマシタ。

十、　ゴザイマス。

第三十課

連レ　　父　　母
後　　　內　　親 (1-40)

人ガ、　二人ノ子供ヲ、　連レテ居マス。

アノ人ハ、　子供ノ父デ、　ゴザイマス。

大イ子供ガ、　兄デ、　ゴザイマス。

小イ子供ハ、　弟デ、　ゴザイマス。

父ハ、　二人ノ子供ヲ、　ダイジニ、　シマス。(1-41)

クロイイヌガ、　三人ノ後カラ、　行キマス。

アノ子供ノ母ハ、　ドコニ、　居マスカ。

母ハ、　內ニ、　居マス。

アノ二人ノ子供ハ、　親ヲ、　ダイジニ、　シマス。

(1-42)

ロ
ヌ

練習

一人、　二人、　三人、　四人、　五人、

六人、　七人、　八人、　九人、　十人。

第三十一課

女ノ子　　男ノ子　　石

姉　　妹　　前　　サウ

ヰ　　家ノ前ニ、　女ノ子ト、　男ノ子ガ、　ヰマス。(1-43)

女ノ子ガ、　姉デ、　男ノ子ガ、　弟、　デス。

二人ハ、　何ヲ、　シテ居マスカ。

石ニ、　字ヲ、　書イテ居マス。

小イ妹ガ、　後カラ、　見テ居マス。

姉。　　コノ字ヲ、　何ト、　讀ミマスカ。

弟。　　姉ト、　讀ミマス。

姉。　　サウデス、　ドコデ、　習ヒマシタカ。(1-44)

弟。　　讀本ニ、　アリマシタ。

姉。　　姉ヲ、　何處デ、　見マシタカ。

弟。　　ソコニ、　居マス。

第三十二課

暑ウ　　涼ク　　大層

晩　　　外

大層涼ク、　ナリマシタ。(1-45)

昨日ハ、　大層暑ウ、　ゴザイマシタ。　サウデシタカ。

私ハ、　朝カラ、　晩マデ、　內ニ、　居マシタ。

私ハ、　朝カラ、　晩マデ、　外ニ、　居マシタ。

家ノ內ハ、　涼ウ、　ゴザイマシタ。

家ノ外ハ、　暑ウ、　ゴザイマセウ。(1-46)

朝晩ハ、　大層涼ウ、　ゴザイマス。

第三十三課

雨　　　降リ　　　止ム

風　　　吹キ

昨日ハ、　雨ガ、　降リマシタ。

今日ハ、　大層涼ク、　ナリマシタ。

涼イ風ガ、　吹キマス。

アメガ、　降ルト、　涼ク、　ナリマス。(1-47)

雨ガ、　止ムト、　暑ク、　ナリマス。

風ガ、　吹クト、　涼ウ、　ゴザイマス。

風ガ、　ヤムト、　暑ウ、　ゴザイマス。

第三十四課

郵便　　端書　　手紙　　ゴラン

郵便ガ、　　來マシタ。

福童。　　オカアサン、　ユービンガ、(1-48)

　　　　　來マシタ。

母。　　誰カラ、　デスカ。

福童。　　兄サンカラ、　デス。

母。　　早ク、　開ケテ、　見マセウ。

福童。　　手紙デ、　ゴザイマセン、　端書デ、　ゴザイ

　　　　　マス。

母。　　何ト、　書イテ、　アリマスカ。

　　　　　讀ンデ、　ゴラン、　ナサイ。(1-49)

福童。　　「大層涼ク、　ナリマシタ。

　　　　　ヨク、　勉強シテ、　居マス。

　　　　　　　　七月十五日　順明」

ユ

練習

一、　勉強ト、　書イテ、　ゴラン、　ナサイ。

二、　言ッテ、　ゴラン、　ナサイ。

三、　本ヲ、　開ケテ、　ゴラン、　ナサイ。(1-50)

第三十五課

<table>
<tr><td>ゼ</td><td>

切手　　貼リ　　ナゼ

代リ　　中

福童。　オカアサン、　コノ端書ニハ、　切手ガ、
　　　　アリマセン。

　　　　ナゼ、　切手ヲ、　貼リマセンカ。(1-51)

母。　　ヨク、　ゴラン、　ナサイ。

　　　　何カ、　アリマセウ。

福童。　ハイ、　小イ繪ガ、　アリマス。

母。　　其レガ、　切手ノ代リ、　デス。

福童。　繪ノ中ニ、　一錢五厘ト、　書イテ、　アリ
　　　　マス。

　　　　手紙ニハ、　三錢ノ切手ヲ、　貼リマセウ。

　　　　　　　　　　　　　　　　　　　　(1-52)

　　　　端書ハ、　一錢五厘デ、　ゴザイマスカ。

母。　　サウデス。

　　　　手紙ハ、　三錢、　端書ハ、　一錢五厘、
　　　　デス。

</td></tr>
</table>

福童。　　ナゼデ、　ゴザイマスカ。

母。　　　手紙ニハ、　澤山、　書ケマセウ。(1-53)

　　　　　端書ニハ、　澤山、　書ケマセン。

練習

一、　コノ本ガ、　讀メマスカ。

　　　讀メマス。

二、　手紙ガ、　書ケマスカ。

　　　書ケマス。

三、　早ク、　走レマスカ。(1-54)

　　　走レマセン。

四、　今日、　六時ニ、　歸レマスカ。

　　　歸レマセン。

五十音

アイウエオ
カキクケコ
サシスセソ
タチツテト (1-55)
ナニヌネノ
ハヒフヘホ
マミムメモ
ヤイユエヨ
ラリルレロ
ワヰウヱヲ
ン(1-56)

日語讀本卷一終

學部編纂

日語讀本 卷二

第1學年 2學期

學部編輯局出版

學部編纂

日語讀本 卷二

學部編輯局出版

卷二 [1學年 2學期, 1907] 目 次[目次名 無]

第一課

モウ、　マダ、　ユックリ、

歩キ、　話、

ゴランナサイ、　生徒ガ二人、　學校ヘ、　行キマス。

アレハ、　張サント、　閔サン、　デス。

前ノガ、　張サンデ、　後ノガ、　閔サン、　デス。(2-1)

二人が、　話ヲシテ、　居マス。

モウ、　何時ニ、　ナリマスカ。

七時半、　デス。

マダ、　早イ、　デスネ。

ユックリ、　歩キマセウ。

練習

一、 大イノガ、 兄デ、 小イノガ、(2-2)
　　 弟、 デス。

二、 大イノガ、 アナタノ筆デ、 細イノガ、 私ノ
　　 筆、 デス。

三、 高イノガ、 李サンノ家デ、 低イノガ、 金サ
　　 ンノ家、 デセウ。

第二課

今朝、　　　カラ、　　　ナイ、(2-3)

汗、　　　ヨ、　　　休ミ、

李。　　金サン、　モウ、　遅イカラ、　早ク、　歩キ
マセウ。

金。　　今朝ハ、　マダ、　遅クナイ、　デセウ。
暑イカラ、　ユックリ、　歩キマセウ。

李。　　モウ、　早クハ、　アリマセンヨ。

金。　　早ク、　歩クト、　汗ガ、　出マス。(2-4)
アナタハ、　汗ガ、　出マセンカ。

李。　　私モ、　大層、　汗ガ、　出マシタ。

練習

一、　今朝ハ、　涼シイカラ、　早ク、　歩キマセウ。

二、　汗ガ、　出ルカラ、　ユックリ、　歩キマセウ。

三、　暑イカラ、　ココデ、　休ミマセウ。(2-5)

第三課

<table>
<tr><td></td><td>日、　　　月、　　　入ル、
スグ、　　今夜、</td></tr>
<tr><td>グ</td><td>モウ、　日ガ、　出マシタカ。
マダ、　日ハ、　出マセン。
日ガ、　出ルト、　暑ク、　ナリマス。
日ガ、　入ルト、　涼シク、　ナリマス。(2-6)
日ガ、　入ルト、　月ガ、　出マス。
モウ、　スグ、　日ガ、　入リマセウ。
今夜ハ、　月ガ、　早ク、　出マス。
モウ、　スグ、　月ガ、　出マセウ。</td></tr>
</table>

第四課

方、　　向、　　壁、

右、　　左、

先生ハ、　生徒ノ方ヘ、　向イテ居マス。(2-7)

生徒ハ、　先生ノ方ヘ、　向イテ居マス。

先生ノ後ニ、　黑板ガ、　アリマス。

先生ノ前ニ、　机ガ、　アリマス。

生徒ノ後ニハ、　壁ガ、　アリマス。

生徒ノ右ノ方ニモ、　カベガ、　アリマス。(2-8)

左ノ方ニハ、　窓ガ、　アリマス。

第五課

東、　　西、　　南、
北、　　毎日、

アノ子供ハ、　日ノ方ヘ、　向イテ、　立ッテ居マス。

日ノ出ル方ヲ、　東ト、　イヒマス。

日ノ入ル方ヲ、　西ト、　イヒマス。(2-9)

アノ子供ノ前ノ方ガ、　東デ、　後ノ方ガ、　西、　デス。

アノ子供ノミギノ方ヲ、　南ト、　イヒマス。

左ノ方ヲ、　北ト、　イヒマス。

日ハ、　毎日、　東カラ、　出テ、　西ヘ、　入リマス。

(2-10)

第六課

オボエ、　　　　　忘レ、

注意シ、　　　　　等、

李サンハ、　ヨク、　オボエマス。

一ペン、　讀ムト、　忘レマセン。

私等ハ、　三ベンモ、　四ヘンモ、　讀ミマス。

李サンハ、　教場デ、　ヨク、　注意シテ居マス。

(2-11)

ヨク、　注意スルト、　忘レマセン。

私モ、　ヨク、　注意シマセウ。

一ペン、　ヨク、　オボエルト、　忘レマセン。

一ペン、　二ヘン、　三ベン、　四ヘン、　五ヘン、

六ペン、　七ヘン、　八ヘン、　九ヘン、　十ペン。

(2-12)

第七課

眠リ、　　覺メ、　　目、

昨夜、　　氣持、

李。　昨夜ハ、　ヨク、　眠リマシタカ。

朴。　ハイ、　昨日ハ、　ヨク、　運動シタカラ、
　　　昨夜ハ、　ヨク、　眠リマシタ。　ヨク、
　　　運動スルト、　ヨク、　眠レマス。(2-13)

李。　今朝ハ、　早ク、　目ガ、　覺メマシタカ。

朴。　今朝ハ、　早ク、　目が、　覺メマシタ。
　　　早ク、　起ルト、　氣持ガ、　善ウ、　ゴザ
　　　イマス。

第八課

顔、　　　洗フ、　　　眠イ、

ズイブン、(2-14)

母。　　早ク、起キテ、顔ヲ、オ洗ヒナサイ。

顔ヲ、洗フト、目ガ、覺メマス。

顔ヲ、洗フト、善イ氣持ニ、ナリマス。

早ク、起キナイト、遲ク、ナリマスヨ。

子供。　ハイ、スグ、起キマス。(2-15)

昨日ハ、ズイブン、運動シマシタカラ、

今朝ハ、眠ウ、ゴザイマシタ。

練習

一、ヨク、注意シナイト、スグ、忘レマス。

二、早ク、行カナイト、遲ク、ナリマセウ。

(2-16)

三、顔ヲ、洗ハナイト、目ガ、覺メマセン。

ズ
ブ

第九課

穴、　耳、　鼻、　口、

アー、　　サウスルト、

姉ガ、　妹ニ、　問ヒマシタ。

　　人ノ顔ニ、　穴ガ、　幾ツ、　アリマスカ。(2-17)

妹ハ、　スグ、　答ヘマシタ。

　　四ツ、　アリマス。

姉。　　何ト、　何トデ、　四ツ、　デスカ。

妹。　　目ガ、　二ツ、　鼻ガ、　一ツ、　口ガ、　一

　　ツ。　四ツ、　デセウ。

姉。　　鼻ノ穴ハ、　一ツ、　デスカ。

妹。　　アー、　二ツ、　デシタ。

　　サウスルト、　五ツ、　デス。(2-18)

姉。　　モウ、　アリマセンカ。

妹。　　マダ、　耳ガ、　アリマシタ。皆デ、　七

　　ツ、　デシタ。

第十課

大分、　　　　　頃、

明ケ、　　　　　暮レ、

日ガ、　大分、　短ク、　ナリマシタ。

此頃ハ、　何時ニ、　夜ガ、　明ケマスカ。(2-19)

六時半頃ニ、　明ケマス。

何時頃ニ、　日ガ、　暮レマスカ。

七時頃ニ、　暮レマセウ。

日ガ、　短ク、　ナルト、　夜ガ、　長クナリマス。

夜ガ、　短ク、　ナルト、　日ガ、　長クナリマス。

(2-20)

第十一課

ポ バ	枝、　　テッポー、　　思ヒ、　　羽、 笑ヒ、　ウチ、　　聞キ、 オ聞キナサイ、　先生ガ、　生徒ニ、　何カ、　オ話ヲシテ、　居マス。 木ノ枝ニ、　鳥ガ、　五羽、　居マシタ。 人ガ、　テッポーデ、　二羽、　ウチマシタ。(2-21) マダ、　ソコニ、　何バ、　居ルト、　思ヒマスカ。 一人ノ生徒ハ、　スグ、　手ヲ、　擧ゲテ、　答ヘマシタ。 三羽、　居ルト、　思ヒマス。 一人ノ生徒ハ、　ユックリ、　答ヘマシタ。 一羽モ、　居ナイト、　思ヒマス。(2-22) 先生ハ、　笑ヒマシタ。　サウシテ、　言ヒマシタ。 サウデス。　一羽モ、　居マセン。 皆サン、　ナゼ、　一羽モ、　居ナイト、　思ヒマスカ。

第十二課

野、　　山、　　明ク、　　暗ク、

心配ス、　　喜ブ、(2-23)

日ガ、　暮レテ、　暗ク、　ナリマシタ。

人ハ、　皆、　家ニ、　歸ッテ、　野ニハ、　誰モ、　居マ
セン。

二人ノ子供ハ、　マダ、　野デ、　遊ンデ、　居マシタ。

アノ子供ノ親ハ、　大層、　心パイシテ、　居マセウ。

月ガ、　東ノ山カラ、　出テ、　明ク、(2-24)
ナリマシタ。

子供ハ、　大層、　喜ビマシタ。　サウシテ、　內ヘ、
歸リマシタ。

母ハ、　家ノ前ニ、　出テ居マシタ。

子供ヲ、　見テ、　大層、　喜ピマシタ。　サウシテ、
言ヒマシタ。

ナゼ、　遲クマデ、　遊ンデ、　居マシタカ。　オカアサ
ンハ、　大層、　心配シマシタ。(2-25)

第十三課

ゾ ピ	上、　　下、　　魚、　　水、 流レ、　又、 橋ノ上ニハ、　子供ガ、　二人、　居マス。 橋ノ下ニハ、　水ガ、　流レテ居マス。 水ノ中ニハ、　魚ガ、　澤山、　居マス。(2-26) 子供ハ、　橋ノ上カラ、　橋ノ下ノ魚ヲ、　カゾヘテ居 マス。 　　　　一ピキ、　二ヒキ、　三ビキ、　四ヒキ、　五ヒキ。 子供ハ、　水ノ中ニ、　魚ガ、　五ヒキ、　居ルト、　思 ヒマシタ。 又、　一匹、　出テ來マシタ。 一ピキノ魚ハ、　ドコカラ、　出テ來タト、(2-27) 思ヒマスカ。 子供ハ、　ソノ魚ガ、　何處カラ、　出テ來タカ、 知リマセン。 又、　何時、　出テ來タカ、　知リマセン。

練習

一、 アナタノ本ハ、 何處ニ、 アルカ、 知リマセ
ン。(2-28)

二、 橋ノ下ニ、 魚ガ、 幾ヒキ、 居タト、 思ヒ
マスカ。

三、 橋ノ下ニ、 魚ガ、 幾ヒキ、 居ルカ、 知リ
マセン。

四、 汽車ハ、 何時ニ、 出ルト、 思ヒマスカ。

五、 汽車ハ、 何時ニ、 出ルカ、 知リマセン。

(2-29)

第十四課

	祖父、　　祖母、　　針、 廻ル、　　事、
ヂ	オヂイサンガ、　子供ニ、　時計ノ事ヲ、　教ヘテ居マス。 祖母サンモ、　聞イテ居マス。 ゴラン、　コノ長イ針ガ、　一ペン、　廻ルト、　一時間、　デス。　ココニ、　字ガ、　アリマセウ。(2-30) 長イ針ガ、　字カラ、　字マデ、　廻ルト、　五分、　デス。 五分、　十分、　十五分、　二十分、　三十分ト、　數ヘマス。 皆デ、　幾分ニナルカ、　數ヘテゴラン。 　　三十五分、　四十分、　四十五分、(2-31) 　　五十分、　五十五分、　六十分。
プ	六十プンヲ、　一時間ト、　イヒマス。

第十五課

店、　　賣ル、　　兩方、

ナド、　　ヅツ、

コレハ、　筆、墨、紙ナドヲ、　賣ル店、　デス。

太郎ハ、　筆ヲ、　買ヒニ、　來マシタ。(2-32)

太郎。　筆ヲ、　見セテ下サイ。

店ノ人。　ハイ、　太イノヲ、　上ゲマセウカ。

　　　　　細イノヲ、　アゲマセウカ。

太郎。　兩方、　見セテ下サイ。

店ノ人ハ、　筆ヲ、　澤山、　出シテ、　太郎ニ、　見セ
マシタ。

太郎。　コレハ、　イクラ、　デスカ。(2-33)

ヅ　店ノ人。　ソレハ、　一本、　三錢ヅツデ、　ゴザイ
　　マス。

ボ　　　　　コレハ、　一本、　四錢ヅツデ、　ゴザイ
　　マス。

太郎。　兩方、　三ボンヅツ、　下サイ。　皆デ、
　　イクラニ、　ナリマスカ。

第十六課

雪、　積ミ、　強イ、　弱イ、(2-34)
恐レ、　寒サ。

雪ガ、　大分、　積ミマシテ、　野モ、　山モ、　白ク、
ナリマシタ。

マダ、　ズイブン、　降ッテ居マス。　夜マデ、　降ル
ト、　ズイブン、　積ミマセウ。

雪ノ積ミマシタ朝ハ、　氣持ガ、　善イ、　デセウ。

(2-35)

雪ガ、　積ムト、　犬ハ、　大層、　喜ビマス。

ゴランナサイ。　犬ハ、　喜ンデ、　走ッテ居マス。

子供ヤ、　犬ハ、　寒サヲ、　恐レマセン。

寒サヲ、　恐レル犬ハ、　弱イ犬、　デス。(2-36)

寒サヲ、　喜ブ子供ハ、　強イ子供、　デス。

練習

寒サ、　暑サ、　涼シサ、

高サ、　廣サ、　長サ、

第十七課

ヨー、　　奇麗、　　ドンナニ、

テモ、　　眞白、(2-37)

雪ガ、　木ノ枝ニ、　積ンデ、　花ノヨーニ、　ナリマシ

タ。

野モ、　山モ、　眞白ニ、　ナッテ、　奇麗、　デス。

今日ハ、　内ニ居テモ、　寒ウ、　ゴザイマス。

外ヘ出ルト、　ズイブン、　寒イ、　デセウ。(2-38)

太郎ト、　次郎ト、　二人ハ、　雪ノ中ヲ、　歩イテ居マス。

アノ二人ハ、　雪ガ、　降ッテモ、　學校ヘ、　行キマ

ス。

雨ガ、　降ッテモ、　雪ガ、　積ンデモ、　休ミマセン。

アノ二人ハ、　ドンナニ、　寒クテモ、　休ミマセン

カ。(2-39)

サウデス。　ドンナニ、　寒クテモ、　又、　ドンナニ、

暑クテモ、　休ミマセン。(2-40)

日語讀本卷二終

學部編纂

日語讀本　卷三

第2學年　1學期

學部編輯局出版

學部編纂

普通學校

學徒用

日語讀本　卷三

大倉書店印刷

卷三 [2學年 1學期, 1907] 目 次 [目次名 無]

第一課

新シイ、　　古イ、　　ナガラ、

金持、　　　貧乏、

コノ子供ワ、　歩キナガラ、　本ヲ、　讀ンデイマス。
コノ子供ワ、　本ヲ、　讀ムコトガ、　好キデス。(3-1)

ケレドモ、　親ガ、　貧乏デ、　學校エワ、　行ケナイノ
デス。

又、　新シイ本モ、　買エナイノデス。　隣ニ、　金持ノ
家ガ、　アリマス。(3-2)

ソノ家ノ子ワ、　毎日、　學校エ、　行ツテイマス。

ソノ金持ノ家ノ子ガ、　コノ子供ニ、　古イ本ヲ、　ヤ
リマシタ。

コノ子供ワ、　喜ンデ、　歩キナガラ、　ソノ本ヲ、
讀ンデイルノデス。

第二課

凡ソ、　　　旅行、(3-3)
便利、　　　以上、

京城カラ、　釜山マデ、　百十二里、　ゴザイマス。

汽車デ、　行ケバ、　十時間デ、　行ケマス。

コノ汽車ワ、　一時間ニ、　凡ソ十一里ズツ、　走リマ
ス。

汽車ノ、　ナカツタ時ワ、　馬ニ、(3-4)

乘ルカ、　歩イテ、　旅行シマシタ。

ソノ時ワ、　一日ニ、　十里以上ワ、　行ケマセンデシ
タ。

今ワ、　汽車ガ、　デキマシタカラ、　京城カラ、　釜山
マデワ、　一日デ、　行ケマス。

汽車ワ、　大層、　便利ナモノデワ、　ゴザイマセン
カ。(3-5)

り
と

十り(里)、　　とり(鳥)、

練習

一、　汽車デ、　行ケバ、　十時間デ、　行ケマス。

二、　馬ニ、　乗レバ、　十日間、　カカリマス。

三、　早ク、　走レバ、　八時ノ汽車ニ、　乗レマス。

(3-6)

第三課

サア、　　　　　　上(アガ)ル、

参リマス(行ク、來ル)、

イラツシヤイマス(行ク、來ル、居ル)、

アナタワ、　今日、　京城エ、　イラツシヤイマスカ。

ハイ、　参リマス。

ヨク、　イラツシヤイマシタ。　サア、　オ上リナサ

イ。(3-7)

オトウサンモ、　イラツシヤイマスカ。

イイエ、　父ワ、　参リマセン。

オカアサンワ、　オ内ニ、　イラツシヤイマスカ。

ハイ、　母ワ、　内ニ、　居マス。

アナタワ、　昨日、　ドコカエ、　イラツシヤイマシタ

カ。(3-8)

イイエ、　何處エモ、　参リマセンデシタ。

　　いし(石)、　　　いえ(家)、

い
し
え

第四課

客、　　主人、　　行儀

茶、　　菓子、　　娘、

客ト、　主人ガ、　話ヲ、　シテイマス。

女ノ子ガ、　茶ヲ、　持ツテキマシタ。(3-9)

又、　菓子ヲ、　持ツテキマシタ。

アレワ、　コノ家ノ娘デス。

タイソウ、 行儀ノ善イ子デス。

アノ子ワ、 今年、 十三デ、 オ花ト、(3-10)

イイマス。

客ワ、 アノ子ノ、 行儀ノ善イノヲ見テ、 タイソ

ウ、 賞メマシタ。

こ　　　　ことし(今年)、

か　　　　かし(菓子)、

や　　　　かしや(菓子屋)、

　　　　　こや(小屋)、(3-11)

第五課

立派、　　屋敷、　　咲ク、

樫、　　一層、

アノ屋敷ワ、　タイソウ、　立派デワ、　アリマセンカ。

アノ屋敷ワ、　ズイブン廣ウ、　ゴザイマス。

アノ屋敷ニワ、　木ガ、　澤山、　アリマス。(3-12)

一番高イノワ、　松デ、　一番太イノワ、　樫デス。

樫ヤ、　松ニワ、　イツモ、　葉ガ、　アリマスケレド

モ、　春ワ、　一層青ク、　ナリマス。(3-13)

庭ニワ、　奇麗ナ花ガ、　澤山、　咲イテイマス。

アスコノ主人ワ、　金持デシヨウ。

　　　　　くさ(草)、　　　　　き(木)、

　　　　かさ(笠)、

くさ
き

練習

一、　アノ馬ワ、　小イケレドモ、　強ウゴザイマス。

二、　ヨク、　勉強スルケレドモ、(3-14)

　　　ヨク、　デキマセン。

三、　早ク、　走ツタケレドモ、　遅ク、　ナリマシタ。

四、　晝ワ、　暑カツタケレドモ、　夜ワ、　涼シウゴ

　　　ザイマス。

第六課

岸、　生エ、　泳ギ、　柳、

蔭、　痛イ、　ナド、

アノ家ノ前ニワ、　小ナ川ガ、　アリマス。(3-15)

川ノ岸ニワ、　草ガ、　生エテイマス。

又、　松ヤ柳ナドモ、　澤山、　生エテイマス。

牛ワ、　木ノ蔭デ、　水ヲ、　飲ンデイマス。(3-16)

アノ川ニワ、　キレイナ水ガ、　流レテイテ、　水ノ中
ニワ、　小イ魚ガ、　澤山、　イマス。

魚ワ、　小イケレドモ、　ヨク、　泳ゲマス。

私タチワ、　大イケレドモ、　魚ノヨウニワ、　ヨク、

泳ゲマセン。(3-17)

私等ワ、　水ノ中デ、　目ヲ、　開ケルト、　痛イケレド

モ、　魚ワ、　アンナニ、　開ケテイテモ、　痛クナイノ

デシヨウ。

　　　うし(ウシ)、

　　　やしき(ヤシキ)、

　　　うしのこ(ウシノコ)、

　　　このいえ、　このやしき、(3-18)

う

の

第七課

雨ガ、　少シ、　降ルト、　木ノ葉ガ、　靑ク、　ナリマス。

雨ガ、　少シ、　降レバ、　木ノ葉ガ、　靑ク、　ナリマス。

雨ガ、　澤山、　降ルカラ、　木ノ葉ガ、　靑ク、　ナリマシヨウ。

雨ガ、　澤山、　降ツタカラ、　木ノ葉ガ、(3-19) 靑ク、　ナリマシタ。

雨ガ、　ズイブン、　降ルケレドモ、　木ノ葉ワ、　靑ク、　ナリマセン。

雨ガ、　大分、　降ツタケレドモ、　木ノ葉ワ、　靑ク、　ナリマセンデシタ。

雨ガ、　降ツテモ、　木ノ葉ワ、　靑ク、　ナリマセン

あ	あめ(雨)、	いぬ(犬)、(3-20)
め	あさ(朝)、	あき(秋)、
	あのいえ、	あのやしき、
ぬ	あのいぬ、	あのくさ、

第八課

海、　船、　向ウ、　唯、

遠イ、　近イ、　指、

子供ガ、　二人、　山ノ上ニ、　立ツテ、　海ノ方ヲ、

見テイマス。(3-21)

海ワ、　廣クテ、　向ウノ岸ワ、　見エマセン。

唯、　水ノ上ニ、　船ガ、　澤山、　見エテイマス。

向ウノ方ニ、　アルノワ、　鳥ノヨウニ、(3-22)

小クテ、　スグ、　山ノ下ニ、　アルノワ、　家ノヨウ
ニ、　大ク、　見エマス。

何デモ、　近イ所ニ、　アルモノワ、　大ク、　見エテ、
遠イ所ニ、　アルモノワ、　小ク、　見エマス。

コノ學校デモ、　向ウノ山ヨリモ、　高イヨウニ、　見
エマシヨウ。(3-23)

コノ小イ指デモ、　アノ山ヨリモ、　高ク、　見エマシ
ヨウ。

やま(山)、	はし(橋)、
ほし(星)、	あに(兄)、
はがき、	えはがき、
うまのめ、	やまのき、
やまのうえ、	あにのこ、
にしのやま、(3-24)	

ま
は
ほ
に

第九課

帆、　　烟、　　帆前船、　　受ケ、

蒸氣船、　ドウシテ、　ワカリ、

小ナ船ワ、　帆ヲ、　アゲテイマス。

大ナ船ワ、　烟ヲ、　出シテイマス。

帆ヲ、　アゲテイルノガ、　帆前船デ、　烟ヲ、　出シテ

イルノガ、　蒸氣船デス。(3-25)

帆前船ワ、 帆ニ、 風ヲ、 受ケテ、 走リマス。

蒸氣船ワ、 ドウシテ、 走ルト、 思イマスカ。

ソレワ、 今、 言ツテモ、(3-26)

皆サンニワ、 ワカリマセン。

來年ニ、 ナツタラ、 敎エテアゲマシヨウ。

ソノトキニワ、 皆サンモ、 ヨク、 ワカルデシヨ
ウ。

せんよ

　　ほまえせん(帆前船)、

　　じようきせん(蒸氣船)、(3-27)

　　あの船のほ、

　　このほんのえ、

第十課

イタシマス
ナサイマス } (爲ル)

モウシマス
オツシヤイマス } (言ウ)

アナタワ、 今日ワ、 ゴ勉強ナサイマスカ。(3-28)

ハイ、 今日ワ、 勉強イタシマス。

昨日モ、 ヨク、 ゴ勉強ナサイマシタカ。

ハイ、 昨日モ、 少シワ、 勉強イタシマシタ。

オカアサンニ、 オ遊ビニ、 イラツシヤイト、 オツ

シヤツテクダサイ。(3-29)

アリガタウ、 ゴザイマス。 ソウ、 申シマシヨウ。

オカアサンニ、 オ遊ビニ、 イラツシヤイト、

オツシヤツテクダサイマシタカ。

ハイ、 ソウ、 申シマシタ。

な
た
　　　はな(花)、　　　あなた(アナタ)、

　　　あした(明日)、　　へいたい、(3-30)

へ す	へいたいが、 大勢、 います。 ここに、 あなたのほんが、 あります。 こんや、 きしやえ、 のります。 あした、 船え、 のりましよう。 きのう、 ここえ、 きました。 あした、 がくこうえ、 まいります。(3-31)

第十一課

ハツキリ、゛　　露　　玉、
物　　　色、　麥、

月ガ、　道ヲ、　照ラシテ、　明ルイカラ、　マルデ、
畫ノヨウデ、　ゴザイマス。

家モ、　山モ、　木モ、　橋モ、　皆、　ハツキリ、　見エ
テイマス。

少シモ、　夜ノヨウデワ、　ゴザイマセン。(3-32)

家ノ内マデ、　明ルウ、　ゴザイマス。

草ヤ、　木ノ葉ノ露ガ、　マルデ、　玉ノヨウデワ、　ゴ
ザイマセンカ。

月ガ、　ドンナニ、　明ルクテモ、　夜ワ、　物ノ色ガ、
ハツキリ、　見エマセン。

ゴランナサイ。　向ウノ畠ノ麥ワ、(3-33)

靑イケレドモ、　ココカラ、　見ルト、　黒ク、　見エマ
シヨウ。

<table>
<tr><td>つ
ち
ろ</td><td>

つき(月)、　　　　うち(内)、

いろ(色)、

あの、　はなのいろ。

しろいはな。

くろいいぬ。

つきが、　照つています。(3-34)

いま、　くろいぬが、　あの、　いえのうちえ、　はいり

ました。

</td></tr>
</table>

第十二課

穂　　嬉シ、　　働キ、　　農夫、

黄色ク、　　熟シ、　　米

麥ノ穂ガ、　奇麗ニ、　出マシタ。

今年ワ、　雨ガ、　少カツタカラ、　麥ガ、　ヨク、　デキマシタ。(3-35)

農夫ワ、　嬉シソウナ顔ヲシテ、　麥畠ヲ、　見テイマス。

農夫ワ、　毎日、朝カラ、　晩マデ、ヨク、　働キマス。

麥ヤ、　米ガ、　ヨク、　デキタ時ニワ、

(3-36)

ズイブン、　嬉シイデシヨウ。

アノ、　向ウノ畠ノ麥ワ、　モウ、　黄色ク、　ナツテイ

マス。　アレワ、　モウ、　熟シタノデシヨウ。

麥ニワ、　早ク、　熟スノト、　遲ク、　熟スノト、　ア

リマス。

　　　　よる(夜)、　　わたし、(3-37)

あなたわ、　よる、　ごべんきようなさいますか。

つきが、　まるく、　なりました。

太郎さんわ、　いつ、　うちに、　いますか。

よるわ、　うちに、　います。

第十三課

樂シイ、　　農業、(3-38)

面白イ、　　作物、

農夫ワ、　朝、　暗イウチニ、　野エ、　出テ、　晩ニ

ワ、　又、　暗ク、　ナツテ、　內エ、　歸リマス。

農夫等ガ、　野エ、　出テ、　働クノワ、　私等ガ、　學

校エ、　行ツテ、　勉强スルヨウナモノデス。

作物ガ、　ヨク、　デキタ時ニワ、(3-39)

農夫ワ、　大層、　喜ビマス。

私等モ、　試驗ガ、　ヨク、　デキタ時ワ、　大層、　嬉

シウ、　ゴザイマス。

農業ワ、　苦シイモノデスケレドモ、　又、　樂シイモ

ノデス。

勉强モ、　苦シイモノデスケレドモ、　又、　面白イモ

ノデス。

苦シイコトヲ、　シナケレバ、(3-40)

樂シイコトワ、　アリマセン。

<table>
<tr><td>ね
れ</td><td>

　　　　ねこ(猫)、　　うれしい(嬉シイ)、

ねこが、　やねのうえで、　ねています。

あのねこわ、　わたしのうちの、　ねこです。

日が、　入れば、　月が、　出ます。

月が、　出れば、　星が、　かくれます。(3-41)

</td></tr>
</table>

第十四課

噛ム、　　盗人、　　盗ム、　　頭、

タタキ、　　　叱ル、　　デスカラ、

先生ワ、　善イ生徒ヲ、　賞メマス。

善イ生徒ワ、　先生ニ、　賞メラレマス。

ソノ犬ワ、　アノ人ヲ、　噛ミマシタ。

アノ人ガ、　ソノ犬ニ、　噛マレマシタ。(3-42)

猫ガ、　魚ヲ、　喰ウデシヨウ。

魚ワ、　猫ニ、　喰ワレルデシヨウ。

盗人ガ、　大山ノ時計ヲ、　盗ミマシタ。

大山ガ、　盗人ニ、　時計ヲ、　盗マレマシタ。

太郎ワ、　次郎ノ頭(アタマ)ヲ、　手デ、(3-43)

タタキマシタ。デスカラ、先生ワ、太郎ヲ、叱リマシタ。

次郎ワ、太郎ニ、手デ、頭ヲ、タタカレマシタ。

デスカラ、太郎ワ、先生ニ、叱ラレマシタ。

| て | て(手)、 |
| そ | その猫、(3-44) |

第十五課

濱、　　淺イ、　　深イ、

ケンノンナ、　　　ダンダン、

人ガ、　大勢、　海デ、　泳イデイマス。

子供ワ、　濱デ、　遊ンデイマス。

濱カラ、　ダンダン遠ク、　ナルト、　ダンダン深ク、

ナリマス。

ヨク、　泳ゲル人ワ、　濱カラ、　遠イ所デ、　泳イデイ

マス。(3-45)

ヨク、　泳ゲナイ人ワ、　濱ニ、　近イ所デ、　泳イデイマス。

濱ニ、　近イ所ワ、　淺イカラ、　ケンノンナコトワ、アリマセン。

濱カラ、　遠イ所ワ、(3-46)

深イカラ、　ズイブン、　ケンノンデス。

アナタワ、　ヨク、　泳ゲマスカ。

イイエ、　少シモ、　泳ゲマセン。　ヨク、　泳ゲタラ、ドンナニ、　面白イデシヨウ。

み　　　　　　うみ(海)、

ふ　　　　　　ふかい(深イ)、(3-47)

　　　　　　　かみ(紙)、　　　　ふで(筆)、

子供が、　ふたり、　うみで、　泳いでいます。

そのかみわ、　大層しろう、　ございますね。

みてください。　このてがみわ、　私が、　かいたのです。(3-48)

第十六課

一面、　　天氣、　　濡レル、

刈ル、　　急イデ、　　忙シイ、

麥ガ、　熟シテ、　野ガ、　一面ニ、　黃色ク、　ナリマ

シタ。

農夫ワ、　麥ヲ、　刈ツテイマス。

今日ワ、　天氣ガ、　好イカラ、　農夫ワ、　喜ンデイマ

ス。

天氣ガ、　好クナケレバ、　麥ワ、　刈レマセン。(3-49)

雨ノ、 降ル時ニ、 刈ルト、 穂ガ、 濡レルカラ、

麥ガ、 惡ク、 ナリマス。

デスカラ、 農夫ワ、 天氣ノ、 好クナルノヲ、 待ツ

テ、(3-50)

麥ヲ、 刈リマス。

天氣ノ、 好イ時ニ、 急イデ、 刈ラナケレバ、 雨

ガ、 降ルト、 刈レマセン。

デスカラ、 麥刈ノ時ワ、 タイソウ、 忙シイノデ

ス。

こども(子供)、(3-51)

も

第十七課

空、　　　雲、　　　動ク、

晴レ、　　曇ル、　　乾キ、

今日ワ、　ヨイ天氣デス。

空ニワ、　少シモ、　雲ガ、　アリマセン。

一面ニ、　青クテ、　マルデ、　廣イ海ノヨウデス。

涼シイ風ガ、　吹イテ、　草ヤ、　木ガ、(3-52)
動イテイマス。

木ノ蔭ニ、　休ンデイレバ、　ヨイ氣持デシヨウ。

昨夜ワ、　雨ガ、　ズイブン、　降ツタケレドモ、　朝カ
ラ、　晴レタカラ、　道ワ、　スツカリ、　乾キマシタ。

日ノ、　照ル所ワ、　ズイブン、　暑ウゴザイマシヨ
ウ。(3-53)

空ガ、　曇ルト、　涼シク、　ナルカラ、　外デ、
働ク人ワ、　空ノ、　曇ルノヲ、　喜ビマス。

ら お を	そら(空)、　　　うお(魚)、 　　　つきを、　　　見る。 こどもが、　うおを、　見ています。　そらが、　くもる と、　すずしく、　なります。(3-54) 日が、　てると、　あつく、　なります。 うおわ、　よく、　水を、　泳ぎます。 あのこどもわ、　たいそう、　うおが、　すきです。

第十八課

家內、　　嫁、　　村、

寂シ、　　賑カ、　　合セ、

私ワ、　兄ト、　姉ト、　弟ト、　一人ズツ、　ゴザイマス。(3-55)

兄ガ、　二十二デ、　姉ガ、　十八デ、　弟ガ、　十三デ、　私ワ、　十五デ、　ゴザイマス。

私ノ内ワ、　親子、　合セテ、　五人ノ家內デ、　ゴザイマス。

親ガ、　二人デ、　子供ガ、　四人デスカラ、　皆デ、　六人ニ、　ナリマス。(3-56)

姉ワ、　今年ノ四月ニ、　隣ノ村エ、　嫁ニ、　參リマシタ。

デスカラ、　今ワ、　五人デス。

姉ガ、　居ナク、　ナツテカラ、　寂シク、　ナリマシタ。

兄ワ、 モウスグ、 嫁ヲ、 モラウデシヨウ。 ソシタラ、 又、 六人ニ、 ナリマスカラ、 賑カニ、 ナリマシヨウ。(3-57)

となりのむら、

むぎのほ、

第十九課

田地、　　食ベル、　　ダケ、

野菜、　　果物、　　卵、

産ム、　　醫者、

私ノ内ワ、　貧乏デスケレドモ、(3-58)

少シワ、　田地ガ、　アリマス。

親子、　五人ガ、　ヨク、　働ケバ、　米モ、　麥モ、　食ベルダケワ、　デキマス。

家ノ前ノ畠ニワ、　イツモ、　野菜ガ、(3-59)

アリマス。　後ノ庭ニワ、　果物ノ木ガ、　澤山、　アリ

マス。

雞ワ、　毎日、　卵ヲ、　二ツカ、　三ツズツ、　産ミマ

ス。

卵ヤ、　野菜ワ、　イクラデモ、　アリマス。

夜ワ、　ヨク、　寝テ、　晝ワ、　ヨク、　働キマス。

(3-60)

親子、　五人ノ內デ、　一人モ、　病氣ニ、　ナツタコト

ワ、　アリマセン。

隣ニ、　醫者ガ、　居テ、　ヨク、　內エ、　來マス。

又、　私等モ、　ヨク、　遊ビニ參リマス。

ケレドモ、　病氣ノタメニ、　行ツタコトモ、　來タコ

トモ、　アリマセン。

ひる(晝)、(3-61)

はたけ(畠)、

ひやくしようわ、　ひるも、　よるも、　よく、　はたら

きます。

ひやくしようわ、　まいにち、　はたけえ、　いきます。

はたけのなかに、　はなが、　さいています。

もう、　むぎのほが、　でました。(3-62)

第二十課

老人、　　植エ、　　茂ル、

生キ、　　死ヌ、　　孫

老人ガ、　庭エ、　木ヲ、　植エテイマス。

コノ老人ワ、　モウ、　八十以上ニ、　ナリマス。

隣ノ人ガ、　來テ、　老人ニ、　問イマシタ。(3-63)

隣人。　アナタワ、　何ノタメニ、　ソノ木ヲ、
　　　　オ植エナサイマスカ。

老人。　庭ニ、　木ガ、(3-64)
　　　　少クテ、　夏、　暑イカラ、　植エルノデス。

隣人。　今、　ソンナニ、　木ヲ、　植エテモ、　ソ
　　　　レガ、　大ク、　ナツテ、　葉ガ、　茂ルマ
　　　　デニワ、　ズイブン、　長ク、　カカルデ
　　　　シヨウ。

老人。　私ワ、　モウ、　長クワ、　生キマセン。
　　　　今日、　死ヌカ、　明日(アシタ)、(3-65)
　　　　死ヌカ、　ワカリマセン。　唯、　子ヤ、　孫
　　　　ノタメヲ、　思ツテ、　植エテイルノデス。
　　　　人ワ、　子ヤ、　孫ノタメヲ、　思ウカラ、
　　　　老人ニ、　ナツテモ、　樂シイノデス。

第二十一課

恐シイ、　夢、　着物、　蛇、(3-66)

逃ゲ、　オウ、　聲、

竹姫。　オカアサン、　私ワ、　昨夜、　恐シイ夢
ヲ、　見マシタ。

母。　ドンナ夢ヲ、　見マシタカ。

竹姫。　太イ、　長イ蛇ガ、　來テ、　私ヲ、　ノモ
ウトシマシタ。

私ワ、　急イデ、　逃ゲマシタ。

蛇ワ、　オウキナロヲ、　開ケテ、(3-67)
オツテキマシタ。　イクラ、　逃ゲヨウト
シテモ、　走レマセンデシタ。

モウ、　蛇ニ、　ノマレタカト、　思ツタラ、
目ガ、　覺メマシタ。　ソシテ、　身體一
面ニ、　汗ヲ、　カイテイマシタ。

ゴランナサイ。　着物ガ、　マダ、(3-68)
汗ニ、　濡レテイマス。

母。　　ソウデシタカ。　オマエガ、　大ナ聲ヲ、
　　　　出シタカラ、　ドウシタノカト、　思イマ
　　　　シタ。

ゆ　　ゆめ(夢)、

　　　おそろしいゆめを、　みました

第二十二課

ホントウニ、　　　湯 (3-69)

胸、　　　載セ、

母。　オマエワ、　ドウシテ、　恐シイ夢ヲ、
　　見タカ、　知ツテイマスカ。

竹姫。　ドウシテカ、　知リマセン。　蛇ガ、　ホ
　　ントウニ、　來タノデ、　ゴザイマスカ。

母。　イイエ、　ホントウニ、　蛇ガ、　來タノ
　　デワ、　アリマセン。(3-70)

　　夜、　寢ル前ニ、　物ヲ、　食ベルト、　夢
　　ヲ、　見ルノデス。

　　水ヤ、　湯ヲ、　澤山、　飲ンデ、　寢テモ、
　　夢ヲ、　見マス。

　　又、　胸ノ上エ、　手ヲ、　載セテ、　寢ル
　　ト、　恐シイ夢ヲ、　見ルソウデス。

竹姫。　ソウデスカ。　私ワ、　ユウベ、(3-71)

寝ル前ニ、　菓子ヲ、　食ベマシタ。　ソ
レデワ、　コレカラ、　寝ル前ニ、　菓子
ナドワ、　決シテ、　食ベマセン。

練習

一、　兄サンワ、　明日、　歸ルソウデス。

二、　病氣ワ、　口カラ、　來ルノガ、　多イソウデ
ス。(3-72)

三、　來週カラ、　休ミニ、　ナルソウデス。

第二十三課

ステーシヨン、　切符、　アマリ、

停ル、　下(オ)リ、　飛ブ、

父ワ、　小太郎ヲ、　連レテ、　ステーシヨンエ、　來マ

シタ。(3-73)

ステーシヨンデワ、　大勢ノ人ガ、　切符ヲ、　買ツテ

イマス。

二人モ、　切符ヲ、　買ツテ、　待ツテイマシタ。

汽車ワ、　烟ヲ、　出シテ、　向ウカラ、　來マシタ。

汽車ガ、　アマリ早ク、　走ツテクルカラ、　小太郎

ワ、　汽車ワ、　ココデ、(3-74)

停ラナイノカト、　思イマシタ。汽車ガ、　停ツテ、

人ガ、　大勢、　下リマシタ。ソレカラ、　マタ、　大

勢、　乘リマシタ。

(3-75)

小太郎ワ、　面白イカラ、　窓カラ、　外ヲ、　見テイマス。
汽車ワ、　ダンダン早ク、　ナツテ、　山モ、　川モ、
木モ、　家モ、　後ノ方エ、　飛ブヨウニ、　見エマス。
畠デ、　働イテイル人モ、　道ヲ、　歩イテイル人モ、
馬モ、　車モ、　見エタカト、　思ウト、　スグ又、　見
エナク、　ナリマス。(3-76)

練習

一、雨ガ、　降ルカト、　思ウト、　スグ、　日ガ、
　　照リマス。

二、　郵便屋ワ、　今、　來タカト、　思ウト、　ス
　　グ、　歸リマス。

三、　大層、　涼シイト、　思ウト、　又、　スグ、　暑
　　ク、　ナリマス。(3-77)

第二十四課

室、　　汚イ、　　コム、　　スク、

タカイ、　　ヤスイ、　　次、

小太郎ワ、　隣ノ室ヲ、　見テキテ、　父ニ、　言イマシ
タ。

小太郎。　オトウサン、　隣ノ室エ、　行キマシヨウ。
　　　　　隣ノ室ワ、　コノ室ヨリモ、　大層、　奇
　　　　　麗デス。　ソシテ、　コノ室ワ、(3-78)
　　　　　コンナニ、　コンデイマスケレドモ、　隣
　　　　　ノ室ワ、　スイテイマス。

父。　　　アレワ、　一等デス。　一等ワ、　奇麗デス
　　　　　ケレドモ、　汽車賃ガ、　タカイノデス。
　　　　　コノ次ノ室ヲ、　ゴランナサイ。

小太郎ワ、　次ノ室ヲ、　見テキマシタ。(3-79)

小太郎。　次ノ室ワ、　コノ室ヨリモ、　汚ウゴザイ
　　　　　マス。　ソシテ、　大層、　コンデイマ
　　　　　ス。

父。　　アレワ、　三等デス。　三等ワ、　一番、
　　　　汚イケレドモ、　一番、　ヤスイカラ、　大
　　　　勢、　乘ルノデス。　切符ヲ、　ヨク、　ゴ
　　　　ランナサイ。　白ト、　青ト、　赤ト、　ア
　　　　リマス。(3-80)
　　　　白ガ一等デ、　青ガ二等デ、　赤ガ三等デ
　　　　ス。
　　　　此室ワ、　二等デスカラ、　皆、　青イ切
　　　　符ヲ、　持ツテイマス。

第二十五課

集ル、　自分、　商人、　町、
味、　作ル、　賣買、

人ガ、　大勢、　集ツテイマス。(3-81)

アレワ、　何ヲ、　シテイルノデシヨウ。　アレワ、　野
菜ヤ、　果物ヲ、　賣買シテイルノデス。

農夫ワ、　自分ノ内デ、　作ツタ、　野菜ヤ、　果物ヲ、
毎朝、　早ク、　ココエ、　持ツテキテ、　賣ルノデス。

商人モ、　農夫カラ、　買ツテキテ、　ココデ、　賣ルノ
デス。(3-82)

町ノ人ワ、　朝早クカラ、　買イニキマス。

ナゼ、　朝早ク、　賣買スルカ、　知ツテイマスカ。

(3-83)

日ガ、　出テ、　暑ク、　ナレバ、

色ガ、　惡ク、　ナリマス。

色ガ、　惡ク、　ナルト、　味モ、　惡ク、　ナリマスカ

ラ、　朝早ク、　日ノ出ル前ニ、　賣買スルノデス。

平假名五十音

あ　い　う　え　お

か　き　く　け　こ

さ　し　す　せ　そ (3-84)

た　ち　つ　て　と

な　に　ぬ　ね　の

は　ひ　ふ　へ　ほ
ま　み　む　め　も
や　い　ゆ　え　よ
ら　り　る　れ　ろ
わ　(ゐ)　う　(ゑ)　を
ん (3-85)

濁音

が　ぎ　ぐ　げ　ご
ざ　じ　ず　ぜ　ぞ
だ　(ぢ)　(づ)　で　ど
ば　び　ぶ　べ　ぼ

半濁音

ぱ　ぴ　ぷ　ぺ　ぽ (3-86)

普通學校學徒用日語讀本卷三終

光武十一年二月一日發行
隆熙二年二月一日再版
隆熙二年十一月三日參版

定價金拾貳錢

學部

大倉書店印刷

學部編纂

日語讀本　卷四

第2學年　2學期

學部編輯局出版

學部編纂

日語讀本

卷四

大倉書店印刷

卷四 [2學年 2學期, 1907] 目 次 [目次名 無]

第一課

港、　　荷物、　　通ウ、　　着ク、

汽船、　　艘、　　馬關、

大ナ汽船ガ、　今、　港ニ、　着キマシタ。　人ヤ、　荷
物ヲ、　澤山、　載セテ居マス。　アノ船ワ、　何處カ
ラ、　來タノデ、　ゴザイマシヨウカ。(4-1)

アレワ、　馬關カラ、　來タノデ、　ゴザイマシヨウ。

馬關ト、　釜山トノ間ヲ、　通ウ汽船デス。

馬關ト、　釜山トノ間ヲ、　通ウ汽船ワ、　二艘、　アリ
マス。

一艘ワ、　釜山カラ、　馬關エ、　行キ、　一艘ワ、　馬
關カラ、　釜山エ、　來マス。(4-2)

今日、　馬關エ、　行ッタ船ワ、　明日、　又、　馬關カ
ラ、　人ヤ、　荷物ヲ、　載セテ、　釜山エ、　歸リマ
ス。　釜山エ、　來タ船ワ、　釜山デ、　人ヤ、　荷物
ヲ、　載セテ、　又、　馬關エ、　歸リマス。

第二課

桟橋、　　見送り、　　運ぶ、(4-3)
音、　　汽笛、　　鳴らす、

桟橋の上に、　人が澤山、　集まつて居ます。　あの人
等わ、　皆、　あの汽船に、　乗るので、　ございましよ
うか。　皆、　乗るのでわ、　ございません。
あの中にわ、　見送りに、　來た人も澤山、　ございま
す。　又、　荷物を、(4-4)

運ぶ人も、　ございます。

汽船が、　大な音を、　出しました。

あれわ、　汽笛と、　いうものです。

船が、　港に、　着く前と、　出る前に、(4-5)

あの汽笛を、　鳴らすのです。

今、　汽笛が、　鳴つたから、　もう　船が、　出ましよ

う。　ごらんなさい、　見送り人わ、　皆、　船から、

下りて來ます。

第三課

巡査、　　或る、　　散歩、

苦める、　却つて、　保護する、(4-6)

小太郎わ、　一度、　巡査が、　盗人を、　連れて行くの
を、　見ました。　それから、　たいへん、　巡査を、　恐
れて居ます。

或る日、　小太郎が、　父と、　散歩をして居た時、　向
うから、　巡査が、　來ました。　小太郎わ。　恐しそう
に、(4-7)

小い聲で、　父に、　言いました。

小太郎。　向うから、　巡査が、　來ます。

父。　　おまえわ、　巡査が、　恐しいのですか。

　　　何か、　悪いことを、　したのですか。

小太郎。　いいえ、　何も、　悪いことわ、　いたしま
　　　せんけれども、　巡査に、　連れて行かれ
　　　ますから。(4-8)

父。　　惡いことを、　しなければ、　巡査わ、
　　　　恐しいことわ、　ありません。　巡査わ、
　　　　私等を、　苦しめるものでわ、　ありませ
　　　　ん。(4-9)
　　　　却つて、　保護するものです。　惡いこと
　　　　を、　する人を、　連れて行くのわ、　私
　　　　等を、　保護するためです。

第四課

だ、　　つかまえる、　　尋ね、

せわ、　　ばかり、

父。　　巡査が、　道に、　立つて居るのわ、(4-10)
何のためだと、　思いますか。

小太郎。　惡い人を、　つかまえるためで、　ござい
ましよう。

父。　　いいえ、　そうでは、　ありません。　善
い人を、　保護するためです。　巡査に、
道を、　尋ねてごらん。　すぐ、　教えて
くれましよう。　馬や、　車が、　澤山來
て、　けんのんだと、　思えば、(4-11)
巡査わ、　左え行け、　右え行けと、　言
つて、　せわを、　してくれます。

小太郎。　人が、　澤山集まる所でわ、　巡査わ、
惡い人を、　つかまえることばかり、　注
意して、　居るで、　ございませんか。

父。　　惡い人を、　つかまえるのわ、(4-12)

善い人を、　保護するためです。　そうです

から、　惡い人が、　一人も、　なければ、

巡査わ、　喜ぶのです。

第五課

稻、　　最モ、　　蒔ク、　　足ラ、

翌年、　　生長ス、

農夫ワ、　皆、　野ニ、　出テ、　稻ヲ、(4-13)
刈ツテ居マス。　家ニ、　居ルノワ、　唯、　子供ト、
老人トバカリデス。

秋ワ、　農夫ノ、　最モ忙シイ時デス。

秋ニ、　ナルト、　手ガ、　幾本アツテモ、　足ラナイ
ト、　イイマス。

稻ヲ、　刈レバ、　スグ、　麥ヲ、　蒔キマス。　稻
ワ、　六月頃ニ、　植エテ、　ハヤ、　十月頃ニワ、
熟シマス。(4-14)

麥ワ、　十月頃ニ、　蒔イテ、　翌年ノ六月頃ニ、　ナ
ラナケレバ、　熟シマセン。

ソウシテ、　米ワ、　澤山出來テ、　味モ、　ヨウ、
ゴザイマス。

(4-15)

麥ワ、　澤山出來ナクテ、　味モ、　惡ウ、　ゴザイマ
ス。

併シ、　稻ワ、　冬、　生長シナイカラ、　麥ヲ作ル
ノデ、　ゴザイマス。

第六課

眺め、　　ちようど、　　谷、

曲り、　　病院　　　あら、

五郎と六郎とは、　山の上から、(4-16)

山の下の方を、　眺めて居ます。

六郎。　兄さん、　ここから、　見ると、　町が、

　　　すつかり見えます。　あれが、病院、　あ

　　　れが、　ステーシヨン、　ですね。

五郎。　そうです。　あら、　今ちようど、　汽車

　　　が、　出ました。　汽車の烟で、　私等の内

　　　が、　見えなく、　なりました。(4-17)

六郎。　兄さん、　あの河の水わ、　どこから、

　　　流れて來るのでしようか。　そうして、　又、

　　　どこまで、　流れて行くのでしようか。

五郎。　あの河の水わ、　向うの山の谷から、　流れ

　　　て來るのです。　あの山にわ、　谷が、

　　　幾つもあります。(4-18)

幾つもの谷から、　流れ出た水が、　集ま
つて、　一つの河に、　なるのです。
そうして、　あのように、　曲り曲つて、
海え、　流れて行くのです。

第七課

箱、　桝、　量ル、　石、
斗、　升、　合、(4-19)

アノ家ノ庭デ、　人ガ、　米ヲ、　箱ニ、　入レテ居マ
ス。　アノ箱ヲ、　桝ト、　申シマス。　桝ワ米ヤ、　麥
ヲ、　量ルモノデ、　ゴザイマス。

アソコニ、　桝ガ、(4-20)

三ツ、　ゴザイマシヨウ。　一番大ナ桝ニ、　一パイ
ヲ、　一斗ト、　申シマス。　一番小イ桝ニ、　一パイ
ヲ、　一合ト、　申シマス。

中ノ桝ニ、　一パイヲ、　一升ト、　申シマス。

一合桝ニ、　十パイガ、　一升デ、　一升桝ニ、　十パイ
ガ、　一斗デ、　ゴザイマス。(4-21)

一合桝ニ、　十パイノ米ヲ、　一升桝ニ、　入レルト、
チヨウド、　一パイニ、　ナリマス。又、　一升桝ニ、
十パイノ米ヲ、　一斗桝ニ、　入レルト、　チヨウド、
一パイニ、　ナリマス。

一斗ノ十倍ヲ、　一石ト、　申シマス。　一石ヲ、　一度
ニ量ル升ワ、　ゴザイマセン。(4-22)

一斗桝ワ、　一番大ナ桝デ、　ゴザイマス。

第八課

穀類、　豆、　所、　デモ、

直段　　他、　品物

ココワ、　穀類ヲ賣ル所デ、　ゴザイマス。　穀類ナ

ラ、　米デモ、　麥デモ、　豆デモ、　何デモ、　ゴザイ

マス。(4-23)

コノ店ニワ、　何時モ、　人ガ、　來テ居マス。　ヨク賣

レルノデ、　ゴザイマシヨウ、

ソウデス。　大層ヨク賣レルソウデ、　ゴザイマス。

直段ワ、　アノヨウニ、　書イテゴザイマス。

　　　一等米　　一升　　十八錢 (4-24)

　　　二等米　　一升　　十六錢

　　　三等米　　一升　　十五錢

　　　麥　　　　一升　　十二錢

直段ワ、　他ノ店ヨリモ、　廉クワ、　ナイデ、　ゴザイ

マセンカ。

直段ワ、 廉クワ、 アリマセンケレドモ、 品物ガ、 ヨロシウ、 ゴザイマス。(4-25)

私ワ、 直段ガ、 廉クテモ、 品物ガ、 惡ケレバ、 買イマセン。 品物ガ、 善ケレバ、 直段ガ、 高クテモ、 買イマス。

第九課

開業す、　　こんなに、　　盆、

あんなに、　　牛肉、　　正直、

此店わ、　今年の春、　開業したのですが、(4-26)
はや、　こんなに、　大くなりました。

此店にわ、　何時も、　あんなに、　客が、　來て
居ます。　あれ、　ごらんなさい。　あんなに、忙しそ
うに、(4-27)

牛肉を、　切つて居ましよう。

この内の主人わ、　大層、　正直な男ですから、　こん

なに、　澤山、　客が、　來るのです。

よく賣れますから、　何時も、　新しい肉ばかり、　賣

ることが、　できます。　何時も、　新しい肉ばかり、

賣るから、(4-28)

益、　澤山、　人が、　買いに來ます。

練習

一、　此牛肉は、　今朝、　買つて來たのですが、　は

　　や、　味が、　惡く、　なりました。

二、　左え曲ると、　道は、　惡う、　ございますが、

　　大分、　近う、　ございます。

三、　近うわ、　ございましょうが、(4-29)

　　道わ、　ずいぶん、　惡う、　ございます。

第十課

鹽、　俵、　渡る、　仆れ、

藁、　輕く、　わざと、　重く、

或る日、　人が、　町え、　行つて、　鹽を、　澤山

買いました。　その鹽を、　俵に、　入れて、(4-30)

馬に、　積んで、　歸ろうと、　しました。

河を、　渡る時に、　馬が、　水の中に、　仆れました。

鹽わ、　水に、　溶けて、　荷物が、　大層、　輕く、　なり

ましたから、　馬わ、　たいへんに、　喜びました。

次の日、　また、　馬に、　藁を、　積んで、(4-31)

町え、　賣りに、　行きました。

その河を、　渡る時に、　馬わ、　昨日のことを、　覺え

て居て、　わざと、　水の中に、　仆れました。

そうして、　起きて見ると、　藁が、　水に、　濡れて、

大層、　重く、　なつて居ました。(4-32)

第十一課

枯レ、　　落チ、　　虫、　　鳴ク、

悲シ、　　聞エ、　　悲ム、

寒イ風ガ、　吹キマスカラ、　草ワ、　ダンダン、　枯レ
テ、　木ノ葉モ、　大分、　落チマシタ。　虫ワ、　晝鳴
カナクナツテ、　夜鳴キマス。

暑イ時、　晝鳴イテ居タ虫ノ聲ワ、　樂シソウデ、
アリマシタガ、　寒クナツテ、(4-33)

夜鳴ク虫ノ聲ワ、　悲シソウニ、　聞エマス。

草ヤ、　木ガ、　茂ツテ居ル時ワ、　何處ヲ見テモ、
賑カデ、　オモシロソウデス。　草ガ、　枯レテ、
木ノ葉モ、　落チルト、　何處ヲ見テモ、　寂シクテ、
悲シソウデス。

夏鳴ク虫ワ、　喜ンデ居テ、　秋鳴ク虫ワ、(4-34)
悲ンデ居ルノデショウカ。

第十二課

くはえ、　　影　　　寫り、

ほしく、　　慾　　　吠え、

一匹の犬が、　牛肉を、　くわえて、　橋の上に、　來ました。　その犬の影が、　水に、　寫りました。　犬わ、それを、　他の犬が、　橋の下に、　居るのだと、　思いました。(4-35)

この犬わ、　大層、　慾の深い犬ですから、　橋の下の犬が、　くわえて居る牛肉も、　　ほしくなりました。そうして、　大な聲で、　吠えました。

吠えた時に、　口が開いたから、　牛肉わ、　水の中え、　落ちて、　流れてしまいました。　橋の下の犬を、　見ると、(4-36)

その犬も、　牛肉を、　なくして居ました。

第十三課

固イ、　　寫眞、　垢、　附ク、

ソンナニ、　　永ク、

太郎。　オカアサン、　東京ノ兄サンカラ、　郵便
　　　　ガ、　參リマシタ。　アラ、　何カ、　中
　　　　ニ、　固イ物ガ、　アリマスヨ。(4-37)
母。　　何デシヨウ。　持ツテイラツシヤイ。
　　　　早ク開ケテ、　見マシヨウ。
太郎。　アラ、　兄サンノ寫眞デス。
母。　　オヤ、　マア、　ヨク寫ツテ居ルコトネ。
　　　　ソウシテ、　マア、　大層大ク、　ナツタコ
　　　　トネ。
太郎。　兄サンノ顔ニワ、　澤山垢ガ (4-38)
　　　　附イテ居マス。　兄サンワ、　ナゼ、　湯
　　　　ニハイラナイノデシヨウ。

母。　　ソレワ、　垢デワ、　アリマセン、　日ノ
　　　　蔭デス。　寫眞デワ、　低イ所ヤ、　日ノ
　　　　蔭ニナル所ワ、(4-39)
　　　　ソンナニ、　黑クナルノデス。　イクラ永
　　　　ク、　湯ニハイラナクツテモ、　ソンナニ、
　　　　垢ガ附クコトワ、　アリマセン。

第十四課

アナタガタ、　　　　　度々、

清潔、　　人中、　　失禮

ナケレバナラン、(4-40)

アナタガタワ、　度々、　湯ニ、　オ入リナサイマス
カ。　度々、　湯ニ入レバ、　イツモ、　身體ガ、　清潔
デスカラ、　氣持ガ、　ヨロシウゴザイマス。　永ク湯
ニ入ラナケレバ、　垢ガ附イテ、　身體ガ、　汚クナル
カラ、　氣持ガ、　惡ウゴザイマス。

身體ヲ、　汚クシテ居ルト、　人ニ、(4-41)

嫌ワレマス。　汚イ身體デ、　人中エ、　出ルノワ、　失
禮デ、　ゴザイマス。

又、　身體ヲ汚クシテ居ルノワ、　身體ノタメニモ、

惡ウゴザイマス。　ソウデスカラ、　人ワ、　度々、　湯
ニ入ラナケレバ、　ナリマセン。　度々、　湯ニ入ツ
テ、　身體ヲ、　清潔ニシナケレバ、　ナリマセン。

(4-42)

練習

一、 此本ヲ、 今日中ニ、 讀マナケレバ、 ナリマセン。

二、 毎日、 學校エ、 行カナケレバ、 ナリマセン。

三、 父母ヲ、 ダイジニ、 シナケレバ、 ナリマセン。

四、 毎日、 運動ヲシナケレバ、 ナリマセン。

(4-43)

第十五課

火事、　　　燒け、　　　困り、

住む、　　　食物、　　　夜具、

この町を、　ごらんなさい。　四五日前に、　火事が、
あつて、　家が澤山、　燒けました。　家が、　燒けて、
住む所も、　なくなつた人が、　澤山あります。(4-44)
寒そうにして、　道に、　立つて居る人わ、　皆、　家の
ない人です。　こんなに、　寒いのに、　家が、　なけれ
ば、　ずいぶん困りましよう。

家が、　なくなつた、　ばかりでは、　ありません。　米
も、　麥も、　燒けてしまいましたから、　食物も、　あ
りません。　夜具も、　なくなりましたから、(4-45)
寝ることも、　出來ません。　それでも、　生きて居る
人は、　まだようございますが、　燒け死んだ人も、
大分、　あるそうです。

第十六課

起る、　　マツチ、　　火、

燃え、　　消す、　　驚く、

あなたがたわ、　なぜ、　こんな、　大な (4-46)

火事が、　起つたと、　思いますか。　火事わ、　小いこ

とから、　起るものです。

子供が二人、　マツチを持つて、　遊んで居ました。

マツチの火から、　草が、　燃えて、　大な火に、　なり

ました。

子供わ、　驚いて、　急いで、　火を、(4-47)

消そうと、 しましたけれども、 火わ、 段々に大くな
つて、 消すことが、 出來ませんでした。 町の人
わ、 驚いて、 走つて來て、(4-48)
火を消そうと、 しましたけれども、 風が、 吹いて
居ましたから、 火わ、 ますます、 大くなりました。
そうして、 こんなに澤山、 家が、 燒けたのです。
小いマツチの火から、 こんな、 大な火事が、 起つ
たのです。 恐しいものでわ、 ありませんか。(4-49)

第十七課

翌日、　　半分、　　電報、

ソウシタラ、　　　　氣、

文、　　　　ナルベク、

翌日ノ新聞ニ、　火事ノコトガ、出マシタ。町ガ半

分、　燒ケタト、　書イテアリマシタ。

正太郎ノ家ワ、　燒ケマセンデシタ。(4-50)

正太郎ワ、　新聞ヲ見テ、　父ニ、　言イマシタ。

正太郎。　京城ニ居ル兄サンガ、　コノ新聞ヲ、　讀

　　　　ムト、　内ノ家モ、　燒ケタカト、　思ツ

　　　　テ、　心配シマシヨウ。電報ヲ、　遣リマ

　　　　シヨウカ。ソウシタラ、　兄サンモ、　安

　　　　心シマシヨウ。(4-51)

父。　　アア、ヨク、　氣ガ、　附キマシタ。ソ

　　　　レデワ、　電報ヲ、　オ遣リナサイ。

正太郎。ソレデワ、　電報ノ文ヲ、　書イテ下サ

　　　　イ。私ガ、　郵便局エ、　持ツテ行キマ

　　　　スカラ。

父。　オマエガ、　書イテゴラン。

正太郎。先生ガ、　電報ノ文ワ、　短ク、(4-52)
書カナケレバ、　ナラナイト、　オツシヤ
イマシタ。

父。　ソウデス。　電報ワ、　七字ガ、　十錢ヅ
ツデス。　七字カラ、　一字增シテモ、
二倍拂ワナケレバ、　ナリマセン。　ソウ
デスカラ、　ナルベク、　短ク、　書カナ
ケレバ、　ナリマセン。(4-53)

第十八課

過ギ、　ヨツポド、　叮嚀、
簡單、　僅、

正太郎。ソレデワ、　コウ、　書キマシヨウカ。
カジガ、　アツテ、　マチワ、　ハンブ
ン、　ヤケタケレドモ、　ウチワ、　ヤケ
マセンデシタ、　アンシンナサイ。(4-54)

電報頼信紙

父。	ソレワ、 長過ギマス。 ソンナニ長ク、 書クト、 澤山、(4-55) 拂ワナケレバ、 ナリマセン。 マダ、 ヨツポド短ク、 書ケマス。 火事ガ、 アツタコトワ、 書カナクテモ、 善イデ シヨウ。 火事ガ、 アツタコトヲ、 知 ラナケレバ、 心配ワ、 シナイデシヨウ。 ソレカラ、 町ガ半分、 燒ケタコトモ、 ハヤ、 新聞デ、 見テ居マシヨウ。(4-56) 又、 安心ナサイト、 言ワナクテモ、 ウチガ、 燒ケナカツタコトガ、 ワカレ バ、 安心スルデシヨウ。
正太郎。	ソウデシタ。 ソレデワ、 マダ、 ヨツ ポド、 簡單ニ、 書ケマス。 コウ書キ マシヨウカ。(4-57) ウチワ、 ヤケマセンデシタ。
父。	ソレデモ、 マダ、 長過ギマス。「マセン デシタ」ト、 言ウノワ、 話ノ時ニ、

言ウノデス。 電報ニワ、 ソンナニ、 叮嚀ニ、 書カナクテモ、 ヨイデス。

正太郎。 ソレナラ、「ウチヤケン」ト、 書ケバ、 ヨイノデスカ。(4-58)

父。 ソウデス。 ソレデ、 ヨクワカリマショウ。 ソウシテ、 僅十錢デス。

第十九課

柱、　　電信柱、　　始めて、

むつかしい、　　はりがね、

通る、　から(空)、　時々、

作次わ、　父に、　連れられて、　町え、(4-59)

行きました。　町え行く道わ、　廣くて、　電信柱が澤

山、　立つて居ます。　作次わ、　始めて、　電信柱を、

見ました。　そうして、　父に、　尋ねました。

作次。　　この柱わ、　何のために、　立ててあるの

　　　　ですか。

父。　　　これわ、電信柱と、　いうものです。(4-60)

内え、　時々、

電報が、　來ま

しよう。

電報わ、あのは

りがねを、　通つ

て、　來るのです。

作次。　　それでわ、(4-61)

あのはりがねの中わ、 空ですか。

父。 いいえ。 からでわ、 ありません。

作次。 それでわ、 どうして、 電報が、 あのは
りがねを、 通つて來ますか。

父。 それわ、 大層、 むつかしいことです。
今言つても、 おまえにわ、(4-62)
わかりません。 毎日、 學校え、 行つ
て居れば、 そのうちに先生が、 敎えて
下さいます。

第二十課

霜、　　　末、　　　始

同じ、　　間、

霜が、　おりて、　庭も、　畠も、　道も、　眞白に、　なりました。(4-63)

春の末から、　秋の始までわ、　露が、　おりますが、　秋の末から、　春の始までわ、　露わ、　おりないで、　霜が、　おります。

秋の末頃から、　春の始頃までわ、　寒いから、　露が、　凍るのです。　露の凍つたのが、　霜です。　それですから、　露と、　霜とは、　同じ物です。(4-64)

雨と、　雪とも、　同じ物です。　冬の寒い間わ、　雨が、　凍つて、　雪に、　なるのです。　又、　春や、　夏の暖い間わ、　雨が、　凍らないから、　雪わ、　降らないのです。

そうですから、　冬でも、　暖い日にわ、　雨が、　降ることも、　ありましよう。　又、　春でも、　寒い日にわ、(4-65) 雪が、　降ることも、　ありましよう。

第二十一課

昔、　　　友だち、　　相談、

じょうぶ、　　　　必要、

昔、　或る所に、　大層、　身體を、　だいじにする人
が、　ありました。

度々、　湯に、　入つて、　いつも、　身體を、　清潔にし
て、　居ました。(4-66)

食物や、　飲物にも、　よく注意して、　食い過ぎるこ
とも、　飲み過ぎることも、　ありませんでした。

又、　どんなに、　雨が、　降つても、　風が、　吹いて
も、　毎日、　必ず、　散歩に、　出ました。

そんなに、　身體のことに、　注意して居ましたから、
病氣をしたことわ、　ありませんでした。(4-67)

或る時、　その人の友だちが、　なぜ、　そんなに、　じ
ようぶですかと、　尋ねました。　その人わ。　笑いな
がら、　言いました。

私わ、 天氣にも、 相談しませんで、 毎日、 外え、
出ますから、 醫者にも、 相談する必要が、 ないの
です。(4-68)

第二十二課

出札口、　　出札係　　つり、

あわて、　　驛夫、

或る田舍の人が、　走つて、　ステーシヨンえ、　來ました。　あわてて、　出札口え、　行つて、「切符を一枚、　下さい」と、　いいました。(4-69)

出札係わ、　笑つて、「何等です。　そうして、　何處までですか」と、　問いました。

田舍の人。　仁川まで、　三等。　いくらですか。

出札係。　一圓六十五錢です。

田舍の人。　五圓札です。　つりを下さい。

出札係。　さあ、　おつりを、　三圓三十五錢、あげますよ。(4-70)

田舍の人わ、　切符を、　受取つて、　すぐ、　汽車の着く所え、　行こうとしました。　それを、　驛夫が、　見て。

(4-71)

「あなたわ、　何處え、　行くのですか」と、　問いまし
た。

田舍の人。　　仁川え、　行くのです。

驛夫。　　　　仁川行の汽車わ、　まだ來ません。

　　　　　　　仁川行わ、　九時です。まだ、　大分、

　　　　　　　時間が、　ありますから、　そんなに、

　　　　　　　あわてなくても、　よう、　ございま

　　　　　　　す。(4-72)

第二十三課

急行列車、　　發ス、　　連絡、

連絡船、　　　預ケル、

京城カラ、　東京マデ、　何日間、　カカリマスカ。

急行列車ニ、　乘レバ、　京城カラ、　釜山マデ、　十一

時間デス。(4-73)

午前七時四十分ニ、　南大門ヲ、　發スレバ、　午後六

時三十分ニワ、　釜山エ、　着キマス。

汽船ワ、　午後十時頃ニ、　釜山ヲ、　出マス。　ソレ

ニ、　乘レバ、　翌日、　午前八時頃ニ、　馬關ニ、　着

キマス。

ソノ汽船ワ、　馬關マデノ汽車ト、　釜山マデノ汽車

トヲ、　連絡スルノデス。(4-74)

ソウデスカラ、　連絡船ト、　イイマス。　タイヘン、

美シイ船デス。

ソレカラ、　午前九時半、　東京行ノ急行列車ガ、　馬

關ヲ、　發シマス。

ソウシテ、　其列車ガ、　翌日ノ午後九時四十分ニ
ワ、　東京エ、　着キマス。(4-75)
ソウデスカラ、　京城カラ、　東京マデワ、　六十時間
デ、　行カレマス。
荷物ワ、　南大門デ、　東京行ト、　言ツテ、　預ケル
ト、　汽車ガ、　着イタ時ニ、　東京デ、　受取レマス。

第二十四課

先週、　　色々、　　　滞在、

週間、　　上野ノ公園、（4-76）

ホド、

高橋。　アナタワ、　何時、　東京カラ、　オ歸リ

デシタカ。

川口。　先週ノ土曜日ニ、　歸リマシタ。

高橋。　ズイブン、　面白カツタデショウ。

川口。　ハイ、　色々、　面白イモノヲ、（4-77）

見マシタ。

高橋。　何日間、　ゴ滯在ニ、　ナリマシタカ。

川口。　凡ソ、　五週間ホド、　滯在イタシマシ
　　　タ。(4-78)

高橋。　上野ノ公園モ、　ゴランデシタカ。

川口。　ハイ、　東京エ、　着イタ翌日、　スグ行
　　　ツテ、　見マシタ。

　　　上野ノ公園ワ、　大層、　廣イモノデス。

　　　公園ノ上カラ、　見ルト、　東京ノ町ワ、
　　　半分以上、　見エマス。(4-79)

オ歸リ
オ讀ミ　　　　｝　ナサイマス。
ゴ覽　　　　　　　デス。
ゴ滯在　　　　　　ニナリマス。

第二十五課

ちよつと、　多分、

行ク
來ル　　｝　おいで　｛
居ル

なさいます。
です。(4-80)
になります。

何處え、　おいで、　なさいますか。　ちよつと、　釜山
まで、　參ります。

何時、　ここえ、　おいで、　なさいましたか。

昨日、　參りました。

おとうさんわ、　お內に、　おいで、　なさいましよう
か。(4-81)

多分、　居ましよう。

何處え、　おいでですか。

何時、　ここえ、　おいででしたか。

おとうさんわ、　お內に、　おいででしようか。

何處え、　おいでに、　なりますか。

何時、　ここえ、　おいでに、　なりましたか。(4-82)

おとうさんわ、　お內に、　おいでに、　なりましようか。

第二十六課

ゴメン、　　玄關、　　暫く、

應接室、　　タラ、　　變リ、

下女、　　　案內、

玄關エ、　客ガ、　來テ、「ゴメンクダサイ」ト、　言イ
マシタ。(4-83)

下女ワ、　玄關エ、　出テ來テ、　テイネイニ、　禮ヲ、
シマシタ。

客。　　私ワ、　畠山デス。　ゴ主人ワ、　オ內デ
　　　スカ。

下女。　ハイ、　居ラツシヤイマス。

下女ワ、　客ノ來タコトヲ、　主人ニ、　知ラセマシ
タ。　ソウシテ、　マタ、　出テ來テ、「ドウゾ、　オ上
リ下サイマセ」ト、　イイマシタ。(4-84)

下女ワ、　客ヲ、　應接室エ、　案內シマシタ。

客ワ、　暫く、　待ツテ居マシタラ、　主人ガ、　出テ來
マシタ。

客。　大層、寒クナリマシタ。皆サン、オ變リワ、ゴザイマセンカ。

主人。アリガトウ、ゴザイマス。

(4-85)　皆、ジヨウブデ、居マス。

アナタノオ内デモ、皆サン、ゴジヨウブデ、居ラツシヤイマスカ。(4-86)

客。　アリガトウ、ゴザイマス。皆、ジヨウブデ、ゴザイマス。

練習

一、 ステーシヨンデ、 十分間ホド、 待ツテ居タ
ラ、 汽車ガ、 來マシタ。

二、 先生ニ、 オ尋ネシタラ、 スグワカリマシ
タ。(4-87)

三、 巡査ニ、 尋ネタラ、 テイネイニ、 敎エテク
レマシタ。(4-88)

日語讀本卷四終

光武十一年二月印刷

學部編纂

大倉書店印刷

찾아보기

편자소개(원문서)

김순전 金順槇
소속 : 전남대 일문과 교수, 한일비교문학·일본근현대문학 전공
대표업적 : ①저서 :『韓日 近代小說의 比較文學的 研究』, 태학사, 1998년 10월
　　　　　②저서 :『제국의 식민지수신』--조선총독부 편찬 <修身書>연구--
　　　　　　　　제이앤씨, 2008년 3월
　　　　　③저서 :『일본의 사회와 문화』, 제이앤씨, 2006년 9월

박제홍 朴濟洪
소속 : 전남대 일문과 강사, 일본근현대문학 전공
대표업적 : ①논문 :「메이지천황과 學校儀式敎育-국정수신교과서를 중심으로」,『일본
　　　　　　　　어문학』제28집, 한국일본어문학회, 2006년 3월
　　　　　②논문 :「『보통학교수신서』에 나타난 忠의 변용」,『일본문화학보』34집,
　　　　　　　　한국일본문화학회, 2007년 8월
　　　　　③저서 :『제국의 식민지수신』--조선총독부 편찬 <修身書>연구--
　　　　　　　　제이앤씨, 2008년 3월

장미경 張味京
소속 : 전남대 일문과 강사, 일본근현대문학 전공
대표업적 : ①논문 :「조선총독부 발간『여자고등보통학교수신서』의 여성상」,『日本學
　　　　　　　　研究』21집, 檀國大學校 日本研究所, 2007년 5월
　　　　　②논문 :「근대한일 여성 사회소설 비교연구」,『日本語文學』제39집, 韓國
　　　　　　　　日本語文學會, 2008년 12월
　　　　　③저서 :『수신하는 제국』, 제이앤씨, 2004년 11월

박경수 朴京洙
소속 : 전남대 대학원 박사과정수료, 일본근현대문학 전공
대표업적 : ①논문 :「鄭人澤の日本語小說研究 -「淸凉里界隈」와「覺書」를 중심으로」,『
　　　　　　　　일본어문학』제33집, 한국일본어문학회, 2007년 6월
　　　　　②논문 :「『普通學校國語讀本』의 神話에 應用된 <日鮮同祖論> 導入樣相
　　　　　　　　」,『일본어문학』제42집, 일본어문학회, 2008년 8월
　　　　　③저서 :『제국의 식민지수신』--조선총독부 편찬 <修身書>연구--
　　　　　　　　제이앤씨, 2008년 3월

學部編纂
『日語讀本』原文(上)

초판 인쇄　2010년 7월 10일
초판 발행　2010년 7월 30일

편 자　김순전 박제홍 장미경 박경수 공편
발행처　제이앤씨
등 록　제7-220호

주소　132-702 서울시 도봉구 창동 624-1 현대홈시티 102-1206
전화　(02) 992-3253(대)
전송　(02) 991-1285
전자우편　jncbook@hanmail.net
홈페이지　http://www.jncbms.co.kr

책임편집　박채린

ISBN 978-89-5668-789-6 94190
　　　978-89-5668-788-9 (전2권)　　　　　　　　　　　**정가** 13,000원